细节决定成交

提高签单率的34个商务细节

倪建伟 著

畅销书《销售就是要搞定人》作者

湖南文艺出版社
HUNAN LITERATURE AND ART PUBLISHING HOUSE

博集天卷
CS-BOOKY

图书在版编目（CIP）数据

细节决定成交 / 倪建伟著 . -- 长沙：湖南文艺出版社，2023.12
ISBN 978-7-5726-1384-5

Ⅰ．①细… Ⅱ．①倪… Ⅲ．①销售－通俗读物 Ⅳ．① F713.3-49

中国国家版本馆 CIP 数据核字（2023）第 162744 号

上架建议：经管励志

XIJIE JUEDING CHENGJIAO
细节决定成交

著　　者：	倪建伟
出 版 人：	陈新文
责任编辑：	匡杨乐
监　　制：	邢越超
策划编辑：	李齐章
特约编辑：	王玉晴
营销支持：	文刀刀
封面设计：	主语设计
版式设计：	潘雪琴
内文排版：	百朗文化
出　　版：	湖南文艺出版社
	（长沙市雨花区东二环一段 508 号　邮编：410014）
网　　址：	www.hnwy.net
印　　刷：	北京柏力行彩印有限公司
经　　销：	新华书店
开　　本：	700 mm × 980 mm　1/16
字　　数：	165 千字
印　　张：	14.5
版　　次：	2023 年 12 月第 1 版
印　　次：	2023 年 12 月第 1 次印刷
书　　号：	ISBN 978-7-5726-1384-5
定　　价：	52.00 元

若有质量问题，请致电质量监督电话：010-59096394
团购电话：010-59320018

前言
礼仪的核心是"得人心"

每次见客户前，你有没有苦恼过自己应该穿什么？

拿到客户的电话号码，或者加了微信，下一步应该如何通过电话或者微信的互动，让客户更喜欢你？

初次见客户，如何做自我介绍、递名片，才能瞬间抓住对方的心？

请客户来公司参观，如何接待才算礼数周全？

宴请客户，如何在餐桌上表现得体，用一顿饭撬动一个大单？

安排专车接送客户，如何让客户感觉被充分尊重，心满意足，还想跟你继续合作？

…………

你会发现，这些礼仪都是一些在跟客户拿单子的过程中非常细小的事情，但是我们每天要花费很多时间考虑这些事情，因为就是这些看似不起眼的细节，在我们的成交之路上起到了非常关键的作用。

我在 2012 年做过新能源汽车的 BMS（电池管理系统）的销售，那时候我们公司在整个行业排名第二，排名第一的是广州的一个厂家。他们的董事长和技术顾问都毕业于北方的一所名校，新能源汽车领域的很多专家，都是从这所大学毕业的。客户因为他们的理论权威，大多喜欢买他们的产品。所以不管其他公司怎么做，他们的产品都非常畅销，假如说这家公司的市场占有率能达到60%，那么我们可能连30%都不到。因为差距太大，我曾一度认为，没有五年八年，我们根本无法超越这家竞争对手。

没想到事情突然有了转机。2012年底，有一个新能源汽车行业的高峰论坛。在开会期间，主办方举办了一个晚宴，我和广州这家BMS的销售人员都在被邀请之列，被安排在了一个餐桌上吃饭。

有一句话说："无酒不成宴。"既然是晚宴，肯定是要喝酒的。在吃饭期间，其他几个厂家的人站起来敬酒，其中有一个厂家是我们的大客户——河南省一家央企的电池生产厂家，我们的BMS产品就是卖给这个厂家的。这位大客户主动站起来给我们敬酒，当然是对我们的重视，我们心领神会，也都很快喝了杯里的酒。但是当他向我们的竞争对手——广州那个BMS厂家的销售总监敬酒的时候，发生了一个很有意思的插曲。

这位销售总监看有客户来敬酒，赶紧端着酒杯站起来，问："你是哪个单位的？"一听说是河南某某企业，他特别开心，觉得自己表现的机会到了，就各种拉关系，跟对方说个不停，还说："我们跟你们都做了七八年生意了，跟你们的张总、王总、李总都很熟……"侃侃而谈了几分钟，越聊越热络，就忘了敬酒这茬，直接把酒杯放下了，并且直到最后，也没想起来对方是过来敬酒的。

我们都知道，在商务场合，敬酒"敬"的是尊重，如果我敬你酒你不喝，说明你看不起我，不给我面子，而在公共场合不给别人面子，就是赤裸裸的羞辱行为，这件事情就严重了，因为在生意场、职场中，越是有头有脸的人，越在意别人是否给他面子。

接下来的晚宴，这位客户的表情肉眼可见变得不高兴，但他也没有说什么。晚宴结束后，他回到酒店，连夜写了两封信：第一封信是给自己公司内部的所有员工，要求他们向客户推荐 BMS 时，一律不允许再推荐广州这家公司的产品；第二封信则是写给我们的，我们公司是排名第二的同类型企业，他在信中邀请我们下周去他们公司开技术交流会，论证我们的产品能否匹配他们的电池。很幸运的是，通过交流会论证，我们的产品非常适合，于是交流会后第二天，我们就签订了三年采购 7000 万元的框架合同。即便如此，这位客户仍余怒未消，在整个电池行业都宣传广州这家公司如何目中无人，如何不讲礼仪、不懂规矩等，于是很快，行业里的客户都知道了这件事情。

一件好事费尽心力也难以传播开去，一件坏事却可以在瞬间让以前所有的努力功亏一篑。短时间内，广州这家公司失掉了大部分客户，就因为一次小小的不喝客户敬的酒的失礼事件引发当事人的反击，最终导致整个市场格局发生变化。而我们，坐收渔翁之利，在该事件发生的第二年，我们公司就兵不血刃地成为市场第一。

千里之堤，溃于蚁穴。巴菲特说过，建立良好的职业声誉，可能需要 20 年，而毁掉它，几分钟就够了。同样，建立良好的印象很难，但破坏它只需要一个不经意的、小小的失礼细节。

在职场里也是一样，你会发现，凡是涉及晋升的场合，我们除了需要会做事，更要会处理人际关系。而在人际关系中，我们所说的"会做人"，其实更多的是"有礼有节"，把关系处理到位。不懂礼，别说是职场新人，就是混迹职场多年的老手，想升职加薪也会举步维艰。

那么，怎么去处理关系呢？无非是懂人心，懂得审时度势，让自己在合适的位置做正确的事。"礼仪"是一个"得人心"的法宝，它能让你看场合、看角色，知道如何做好自己。

既然礼仪这么重要，为什么很多人还是不懂商务礼仪呢？原因有以下两点：

一是没有系统学习的渠道。

你会发现，没有一所学校有专门针对商务礼仪的系统课程。我们的父母对商务活动的了解也不多，不能指望他们言传身教。当你在职场中有困惑、遇到沟坎了，职场前辈也不一定有很管用的实战经验传授给你，所以只能靠自己在实战中不断地观察、模仿，在犯错和吃亏中不断地学习和进步。但每个人犯错和吃亏的过程并不一样，有些人可能不小心吃过大亏、犯过大错，造成了很大的损失，所以对这方面极其在意；有的人可能在职场几年，小错小亏不断，但没有能让他铭记于心的，也就到现在还没有改正。但是，我们要记住，如果一个小洞不填补，长此以往，就可能变成大洞，造成非常大的影响。

二是对商务礼仪有很深的误解。

很多人对商务礼仪的认识只停留在站、坐、行走等方面的标准规范，以为做到"有规矩"就是懂礼仪，实际上那只是礼仪的一部分，并不是全部。礼仪不仅表现为握手礼、介绍礼、行进礼、招待礼等，更是一种与人相处的学问，是对一件事情的分寸和度量的把握。礼仪的内核是看场合、看关系、看角色，做好自己。你只有洞察人性、识人心，才能知分寸，才能在商务场合更好地做事、做人，赢得别人的喜欢，成就自己。所以这本书，不是教你怎么做"有规矩"的人，而是要告诉你，怎么成为一个"得人心"的人。

这本书是我结合多年的工作实践，从商务形象管理（比如初次见面如何提升好感度，如何通过着装打造魅力形象，如何在仪容、气质上得到客户的认可）、商务拜访（比如初次见面如何在 45 秒内抓住对方的心；如何递名片和接名片，用一张小名片，敲开机会的门；如何通过介绍抬高身价）、商务接待到商务沟通（比如如何利用电话或微信维护客户关系，如何让客户喜欢和你聊天，如何快速有效地说服对方）、商务宴请（比如如何说饭局的开场白，如何活跃饭局气氛，如何敬酒、劝酒和拒酒）、礼物社交（商务选礼攻略、送礼锦囊、高价值话术、关系维护）等方面，分享我的销售实战经验。

这本书的内容很详细，把你在工作、生活当中可能没留意到的细节掰开揉碎，一次性全给你。很多时候，恰恰是这些细节，会以另一种方式成就你。

希望每一个销售人员都能在细节中获利，成为"得人心"的销售高手。

目录
Contents

第 3 章　礼物社交：
　　识人性，方可得人心 /077

第 4 章　商务招待：
学会用饭局搞定人 /109

第 5 章　商务说服：
最高明的技法在于攻心 /161

第 1 章

销售实战商务的
底层密码

与客户接触的每一个触点，决定能否成交

你是如何购买自己人生中的第一部手机的？

当我决定买手机的时候，我就开始搜索、了解各款手机不同的配置、价格等信息，一一进行对比。在不断了解的过程中，我发现某一款手机正好符合我的要求，就有点儿想买它。于是我专门去家附近的手机专卖店看这款手机的实物，还没进店就被大幅的手机海报和简洁但有特点的店铺门面吸引，给我的第一印象很好。接待我的售货员穿着职业装，态度热情友善，听了我的需求后，他为我推荐的手机款式和我想买的是同一款。于是，我当场就购买了这款手机。买下之后，手机的使用效果我也很满意，后来每次更换手机的时候我都选择这个系列的手机。

你看，从我开始萌生要买手机的想法到最终购买手机的这一系列过程，就是一个完整的客户消费旅程。而销售方在潜在客户的消费旅程中，与客户接触的每一个触点，都比竞争对手表现得更优秀、更完美，让客户有非凡、美好的体验，这才能真正促成成交、锁定客户。而销售方在客户消费旅程中任何一个环节产生失误，让客户有了不好的体验，都可

能给自己和企业带来莫大的损失。

现在的河北正定一带，在春秋战国时期，有一个小国，叫中山国。

一天，中山国的国君请大臣吃饭。酒过三巡，厨房上了一大锅羊肉羹。中山国地处苦寒之地，在秋冬之际吃一碗羊肉羹是一件特别难得的事情，所以，大伙儿都眼巴巴地望着那锅羊肉羹。看到这种情形，国君立刻下了命令，让仆人把羊肉羹分到大臣们的碗里。不过，由于大臣人数太多，羊肉羹太少，轮到一个叫司马子期的大夫时，羊肉羹已经没了。所以，当在场的其他大臣每人都得到一碗羊肉羹时，司马子期没有吃到一口羊肉羹。

司马子期顿时觉得在同僚面前大失颜面，认为国君是有意在大庭广众之下让他出洋相。但司马子期当时没说什么，默默离去了。不久，愤怒的司马子期叛逃到了楚国，用自己的三寸不烂之舌说服楚王进攻中山国。楚王早就看中山国不顺眼，听了司马子期的话，马上把中山国的国君当成虐待臣子的暴君，把自己包装成替天行道的正义之士，派出军队打着吊民伐罪的旗号攻打中山国。

中山国的国君丢了王位，只能出逃外国，四海为家。这时，他才明白亡国之因是一碗羊肉羹。一个无意的过失伤了司马子期的心，使得司马子期心生怨恨，埋下了中山国亡国的种子。

所以，不仅外交无小事，接待也同样无小事。无论在哪个行业，商务接待的重要性不言而喻。有的时候，我们会因为贴心周到的接待谈成一笔生意；而有的时候，我们也会因为接待过程中的疏忽大意弄丢一笔订单。道理人人都懂，但接待工作事情繁复，众口难调，我们又怎么能让客户都满意呢？

在体验为王的新经济时代，当下的接待工作早已不是简单地接待和服务，也不是简单地塑造产品和企业品牌形象，而是要抢先在每一个接待环节中尽可能带给客户个性化、特色化、差异化的全方位、全旅程的美好体验，力求通过每一个完美的细节赢得客户的心。

现在的客户越来越重视与接待方接触的每一个触点是否能给自己内心带来高价值的感受，而不是简单直观地参与接待方的产品介绍和服务行为，甚至接待方标准化的服务流程已不能让客户感受到服务的价值。

所以，为了让客户在众多竞争者里最终选择我方，我们一定要在客户与我方接触的每一个触点上都做到尽善尽美，让客户有最好的体验。营销部门一定要基于自己公司的客户画像，依据客户的公司利益和个人利益制定出"客户接待全旅程图"，再依据全旅程图，把与客户接触的每一个触点都进行优化，呈现我方独具特色的服务与完善的细节准备，让客户获得满意的过程和最佳体验感，从而形成"客户忠诚"，建立长久的合作关系。

制定"客户接待全旅程图"，你首先需要确定一个或多个想要绘制的接待旅程触点，再把这个触点场景化。每一个场景都基于全旅程图设计，服务细节细化到旅程中的每一步都发生了什么，以使场景流动起来。通过每个场景中服务细节的设计，可以拓展客户体验的广度和深度，最终让客户享受最完美的、最棒的、点对点的全旅程服务。

下面以一个标准的客户接待全旅程为例，具体的接待过程为：提交接待申请—确定接待级别—联系接待单位—安排接待人员—安排接机（接车）—安排住宿—考察公司、工厂、营销中心—领导接见—安排餐饮—参观景点—机场（车站）送行和赠送礼品—归档接待资料并电话回访。

第一步：提交接待申请。

接待申请一般是由本公司业务部门的业务人员向公司提交申请表，申请予以接待。在申请表中，一般需注明客户单位、客户人数、男女客户分别几人，来访时间、来访目的，客户联系人及其联系电话、陪同人员，是否需要接机、接机时间，是否需要会议室、会议室配备，哪位领导接见，是否需要参观，是否安排食宿、食宿标准，是否安排景点、具体哪些景点，是否赠送礼品、礼品标准，是否需要送机、安排送机车辆等，表单尽量详细、清晰，点对点落实到具体的执行人、责任人。

第二步：确定接待级别。

根据前来参观考察的不同级别的客户予以不同的接待标准，原则上客户可分为 ABC 三个级别：A 级为 VIP 客户，B 级为关键客户，C 级为普通客户以及自己找上门的散户。

对不同级别的客户安排相应级别的接待人员和相应的接待标准。如果是客户的总经理带队考察，总经理属于 A 级客户，那么我方公司也会安排总经理率队与客户会见交谈，并安排五星级酒店住宿和机场送鲜花迎接，全程陪伴；如果是 B 级客户，我方公司会安排部门领导会见交流，食宿标准可酌情调整，比如安排四星级酒店住宿和机场接机服务等。不论客户等级高低，我们的待客态度一律热情真诚，但从管理学考虑，我们必须分清轻重缓急，根据"要事优先"的原则去安排接待。

我们确定了来访的客户的接待标准之后，要提前做好功课，去了解客户，这点可以由申请人和接待人员共同完成。我们要了解来访者当地的风土人情、人文历史、礼节要求以及主要宾客的职位、个人喜好、背景、企业信息等，这些信息都是双方进行良好沟通的前提。

第三步、第四步：联系接待单位和安排接待人员。

这两个环节没什么需要特别注意的事项，接待人员提前通知和安排好责任人即可。

第五步：安排接机（接车）。

如果接待人员不能提前到达，反而让客户等待，是待客不周、准备仓促的表现，很可能会让对方误会他不被我方重视和尊重，进而破坏对我方的印象，甚至有损我方的企业形象，所以接待人员应至少提前10～20分钟到达迎宾地点（机场、车站、客户落脚点等）。接待人员要考虑到堵车等突发事件，提前出发，宁早毋晚。对于级别高的客户，接机的时候不要忘记购买鲜花，还需要提前制作红色欢迎横幅，给予客户高度的尊崇感和隆重的礼遇。

第六步：安排住宿。

客户到达后不宜马上安排活动，要给对方时间缓解旅途奔波的劳累。这也是接待人员贴心周到的体现。客户到达后应先热情地致以问候，并在迎接车内向对方介绍我方人员及公司的情况，然后征询客户的意见，了解他们的计划，并安排到预订的酒店休息。

第七步：考察公司、工厂、营销中心。

这是接待工作中比较重要的节点，客户专门为此而来，所以接待人员一定要事前策划好要给客户留下什么印象和感受，并以此为目标去塑造形象。如果客户到车间考察，谁陪同？考察哪个车间的什么内容？车间应呈现什么状态和环境？工作人员遇到客户提问该怎么回答？……这些问题都要进行充分的事前准备和布置，尤其是卫生间、墙角等容易藏污纳垢的地方，要提前清理干净，这样才能确保考察活动万无一失。

第八步：领导接见。

接待人员一般应该先把来客介绍给领导，但如果来客的身份较高，最好先向来客介绍领导。引见后，除非领导要你留下，否则你要退出办公室。

若领导一时无法接待来客，你必须主动招待客户，以免使其感觉受到冷落。如果客户要提前来访，请其在接待室稍做等候也合情合理，接待室平常要准备些报刊，最好备有介绍本公司机构、历史、宗旨和业务范围等资料的宣传品，供来访客户阅读。

第九步：安排餐饮。

接待人员根据客户级别及相关要求预订一两家宴请地点，请相关领导最终确定，并按要求布置就餐地点，提前放置好酒水、香烟，若红酒需要醒酒，要提前通知服务员准备，确认餐厅的光线、温度等是否合适，了解客户口味，进行合理搭配，特别需要注意客户的民族、宗教信仰，安排餐饮时避免客户禁食的菜肴、酒水等。宴请标准按照接待规格执行，注重体现当地特色。具体的点菜方法和席间的沟通细节，因为在后文有更详细的介绍，所以在此不再赘述。

第十步：参观景点。

参观景点环节主要看客户意愿，提前确认客户是否想要参观景点，以及决定参观何处。如果客户没有特殊要求，我们可以根据当地知名景点进行规划，并安排专人专车提前做好各种准备，确保参观景点的行程让客户满意。

第十一步：机场（车站）送行和赠送礼品。

俗话说："善始善终。"接待人员一定要在客户返程的时候安排车辆送行，接待远方来的客户时最好赠送礼品，至于礼品的品类和档次按照公司的客户标准选择即可。这样才不至于让接待工作虎头蛇尾，在最后关头给客户留下不好的印象。

第十二步：归档接待资料并电话回访。

接待人员在送别客户之后，应该立即把接待工作中发生的点点滴滴，包括客户提出的意见和态度记录下来，反馈给相关业务人员，有利于业务人员知道接待的档次水平以及客户的反馈，便于业务人员更好地策划下一步的工作。同时接待人员应该对本次接待工作进行回顾、总结复盘并存档，作为公司资料库内容记录下来。在客户返回其驻地三天内，主要接待人员应该电话回访一次，加深客户的印象，建立长期客情关系。

商务接待大体由上述十二个环节组成，接待人员一定要掌控好客户接待全旅程中的各个触点。商务接待不仅要标准化、规范化，更重要的是细节化，接待人员的一言一行都要做到能满足客户的需求，冲击客户的感知，给客户惊喜，让客户获得最佳感受，甚至让客户因为我们的服务体贴而他无以回报产生愧疚感，这才是当下新经济时代所需要的商务接待全旅程的细节设计。

客户的信任永远来源于我们为他所做的点点滴滴。好的接待工作是打开客户心门、提升公司价值的重要投资，应该做好每一个接待环节的细节，让客户在与我们接触的每一个触点都体会到我们的专业和热情，感受到我们的真心和合作意愿。客户带着期望而来，带着满意而回，对我们全旅程的接待相对于其他友商更加满意、更有收获，两利相权取其重，客户势必优先选择和我们合作，优先采购我们的产品或服务。

注重服务细节，让客户有一个舒服、愉快、物超所值的全旅程体验，并认为与我们接触的每一个触点都是其最好的体验，客户就不会离开我们，会成为我们的忠实客户，进行复购，这是我们商务接待的追求和目标！

不满意的暗码：
内心期待没有被满足

前段时间有个"世界 500 强"企业请我去做培训，想要解决的问题是：在商务接待后，为什么客户总是不满意，影响后续合作，很难签约？

上海某公司经有关部门牵线，与某外商初步达成合作意向，欲共同投资，合作经营。于是该公司邀请外商来沪考察并洽谈具体合作方案，领导将任务交给办公室全权负责，办公室主任将为期三天的接待任务做了如下安排：

第一天上午，王秘书开车去机场接回两位外商，安排外商到市内一家五星级酒店住宿。中午，公司全体高层领导出席欢迎宴会。下午，接待人员带领外商参观市容，重点参观浦东新区。晚上，再次举行盛宴。

第二天，安排外商去苏州游览，共有五人陪同。

第三天上午，由高层领导和翻译组成的五人小组与外商洽谈合作方案，因时间有限，没有涉及具体事项，只签订了初步合作协议，领导表示将择日再邀请外商前来洽谈。中午，公司全体高层领导出席欢送宴会。下午，王秘书开车送外商去机场。

该公司邀请外商来沪的目的是考察项目并洽谈具体合作方案，达成共同投资，合作经营。但该行程最后的结果却是只达成初步协议，可以说这次接待是一次失败的接待。

败在哪里呢？

败在只重视接待流程，并不了解客户的真实需求和想要达成的目的。俗话说："知己知彼，百战不殆。"外商是带着目的来上海考察的，并不是来上海旅游的，但是该公司的接待工作过于隆重和耗时，居然安排三天中的前两天去游山玩水，最后一天才安排工作交流。对外商来说，公司没安排时间让外商去公司内部进行参观和调研，致使他们对公司的运营情况一无所知，当下自然不敢做出共同投资的重大决策。耳听为虚，眼见为实，外商连厂房的门都没看到，就贸然投资，其中的风险有多大相信正常人都懂，所以，第三天的洽谈自然无法涉及实际的内容，只好草草签订一个合作声明了事。你看，这就是没有考虑客户的需求和目的，一厢情愿地安排接待工作，结果惨遭失败。

在销售实战中，大部分人都会遇到商务接待的场景，客户可能满意，也可能不满意。如果客户对接待工作不满意，无非是两个原因：一个原因是接待的流程和表现不够规范，无形中得罪了客户；另一个原因和接待质量无关，是客户的需求没有得到销售人员明确的响应和满足。

人的需求分为显性需求和隐性需求两种。公开的、明确的、能说出口的叫显性需求，个人的、私密的、不能说出口的叫隐性需求。

一般而言，客户对产品的品牌、性能、价格、外观、质量、口碑，以及产品的操作方法是否方便、售后服务是否及时、供货期是否能得到满足等的需求，叫显性需求；客户想通过采购获得同事对其专业度的认可，想把工作做好让领导觉得他是一个可造之才，想通过认真工作获得领导的赏识和提拔，想把生意介绍给自己的亲戚朋友做，想通过工作的便利获得一些茶水费，等等，这些不方便说出口的需求，叫隐性需求。

不成功的接待人员一般不会区分客户的显性需求和隐性需求，并且只善于捕捉显性需求，不懂得挖掘隐性需求并将其引导转变为显性需求，于是客户的全部需求没有得到满足，就会"挑刺"，抱怨接待人员接待工作做得不够好，从而为自己寻找新的合作方提供一个正当理由。但是对接待方而言，没有满足客户的隐性需求，实际上就相当于放弃了一部分可以挖掘和成交的潜在客户。特别是在大客户销售、高单价的产品销售中，不少客户具备隐性需求。接待人员挖掘和满足客户的隐性需求是销售的起点，也是接待的重心，如果能找到隐性需求并将其转变为显性需求加以满足，就为后期的成交奠定了基础，提供了保障。

客户的需求一般从小的期望、不满、问题等开始，逐渐通过引导转变为很清晰的期待、不满、问题，最后变为愿望、需求或要行动的迫切企图。

有一个老太太买李子的经典故事。一天早晨，老太太来到菜市场，遇到第一个卖水果的小贩，小贩问她："你要不要买一些水果？"

老太太说："你有什么水果？"

小贩说："我这里有李子、桃子、苹果、香蕉，你要买哪种呢？"

老太太说："我正要买李子。"

小贩赶忙介绍："这些李子又红又甜又大，特好吃。"

老太太仔细一看，果然如此，但她摇摇头，没有买，走了。

老太太没有回家，继续在市场转。遇到第二个小贩，同样问老太太要买什么，老太太说想买李子。

小贩接着问："你要买什么李子？"

老太太说要买酸李子。

小贩很好奇，又问："别人都买又甜又大的李子，你为什么要买酸李子？"

老太太说："我儿媳妇怀孕了，想吃酸的。"

小贩马上说："老太太，你对儿媳妇真好！那你知不知道孕妇最需要什么样的营养？"

老太太说不知道。

小贩说："其实孕妇最需要维生素，因为胎儿的发育需要母亲提供大量维生素。所以光吃酸的还不够，水果中，猕猴桃的维生素含量非常丰富，所以你要经常给儿媳妇买猕猴桃才行！这样才能确保你的儿媳妇生出一个漂亮健康的宝宝。"

老太太一听很高兴，马上买了一斤猕猴桃。当老太太要离开的时候，小贩说："我天天在这里摆摊，每天进的水果都是最新鲜的，下次就到我这里来买，还能给你优惠。"从此以后，这个老太太每次都来他这里买水果。

在这个故事中，我们可以看到：

第一个小贩急于推销自己的产品，根本没有探问客户的需求，认为自己的产品多而全，结果什么也没有卖出去。

第二个小贩是一个销售专家，他的销售过程非常专业，是典型的让客户满意的接待过程，主要分为四步：

第一步，通过询问，探寻客户的基本需求，即显性需求。

第二步，通过提问，挖掘需求背后的动机，即隐性需求。

第三步，提高客户解决需求的迫切程度。

第四步，抛出解决方案，引导客户成交。

小贩接待老太太、引导老太太完成购买的这四步方法，在销售界，我们称为"找伤口、挖伤口、伤口撒盐、伤口抹蜜"满足需求四步法。比如，一个患者到医院看医生：

医生："有什么症状？"（询问显性需求）

病人："肺疼！"

医生："平时吸烟吗？喝酒吗？"

病人："偶尔喝一点儿……"

医生："呼吸是不是很吃力？吐气的时候是不是很疼？还有浓痰？"（提问隐性需求）

病人："是！"

医生："如果用国产中成药，价格比较便宜，但治疗效果慢，之前有人用药一两个月还不好，而且还有恶化的风险，你能接受吗？"（提高客

户解决需求的迫切程度）

病人感到心虚害怕："这怎么办？能迅速治好吗？"

医生："国产药效果都有点儿慢，进口药的效果好，能快速根治，但价格贵一些，你会考虑吗？"（抛出解决方案，引导客户成交）

病人："只要效果好，贵一点儿问题不大！"

于是病人在医生的"满足需求四步法"的引导下，买了价格偏高但效果更好的药。

如果客户对我们公司的产品很感兴趣，在我们的劝说下同意来公司考察，那么我们作为接待方有责任把前来考察的客户招待好，用"满足需求四步法"来挖掘并满足客户的隐性需求，让客户满意，最终达成成交。我们可以这样进行：

接待方："李科长，嫂子和小孩和你一起出门旅游的次数多吗？"

客户："不多，我工作太忙了，小孩子学习任务也重，很少能出去旅游。"

接待方："那嫂子和小孩来我们厦门鼓浪屿玩过没？"

客户："没有。"

接待方："那挺可惜的，鼓浪屿不仅被评为中国最美的五大城区之一，还被联合国列入《世界遗产名录》，是一个非常好玩的地方，没来看看确实挺可惜的。"

客户："是啊，鼓浪屿确实全国有名。"

接待方："要不这样，李科长，等会儿你把小孩和嫂子的身份证号发给我，我给他们买周五到周日往返的票，这样你出差谈公事，嫂子和小孩也可以跟着你看看厦门鼓浪屿，一家三口，其乐融融。"

客户："这不好吧？"

接待方："没事的，我现在有其他事情，你等会儿把身份证号给我。"

这个接待案例中，接待方不仅满足了客户的隐性需求，更重要的是，它提供了溢出价值，超出客户的期望，提供了更多客户想要的东西。如果竞争对手做不到，或者做不了这么多的话，那么，两利相权取其重，由于我们提供了比竞争对手更多、更大的利益，客户就不会不选择我们，不会不与我们成交！

第 2 章

基础商务礼仪：
于细节之处见机会

初次见面，如何表现
让好感度飙升

在前文中，我们分析了销售实战商务礼仪的接待暗码，了解了商务接待的流程和可能会引起客户不满的内在因素，接下来我将对销售人员与客户可能接触的每一个触点，进行详细的解析和说明，通过一系列的实操案例和方法，告诉你具体场景下应该怎么做。

首先，我们与客户接触的第一个触点，是初次见面。每一个销售人员都想在初次见面的时候赢得客户的好感，因为当你成功获得了客户的好感时，往后再谈合作就会是一件特别容易的事情。

2019年，我在给碧桂园房地产做销售培训的时候，一位置业顾问和我们分享了她遇到的一个案例。有一次，一位衣衫破旧、脚穿一双拖鞋（拖鞋上还裂了一圈小口子）的中年女性，手上提着一个有缺口的塑料桶，慢慢地走进了售楼部。她可能因为从来没来过这样的地方，一直在左右打量，看起来有些紧张。无论是看穿着还是看神情，这位中年女性绝对不像能买得起房子的人，所以售楼部的置业顾问们你瞧瞧我，我瞧瞧你，没有人愿意上去接待。这位置业顾问一看无人接待，就端了一杯水，迎了上去。

接过水杯，这位女士的神情缓和了下来。起初聊天时，她始终不愿意多说，但是这位置业顾问相当有耐心，慢慢引导她。最终，等双方熟悉后这位置业顾问才了解到，这位女客户和丈夫在重庆搞装修，两位一直都在外地，眼看着重庆的房价一天天上涨，他们也意识到是买房子的时候了，再加上想接小孩过来读书，所以专门休息几天看看房子。这位女客户听说这家碧桂园在个好学区，慕名来到碧桂园看学区房。看完房，双方很快签订了购房协议，预交了定金，在正式签合同的时候，置业顾问大吃一惊，这对夫妻居然一次性付清全款。

女客户说："我以前来过两次，也穿双拖鞋，提个桶，你们的工作人员都不是很热情。但房子确实在我看中的学区，价位也在我的预算之中，所以我又来了第三次，没想到你对我很友善，也耐心给我分析房子的好坏，我很感动，所以就直接全款买了！"置业顾问打量了她一眼，开玩笑地说："您这样的穿着才是真正的老板，不是都说，广东的'土豪'都是穿着拖鞋和大裤衩吗，您这是典型的'土豪'形象啊！"

一次热情的接待或许就能获得对方内心的好感，一句温暖的话可能会让对方下决心成交，这样的事情在销售行业屡见不鲜。日常工作中，我们销售人员面对的客户，往往都是见识过很多销售人员的。越是大客户，打过交道的销售人员越多，对于销售人员的能力和他们的产品也越了解。这些大客户见多识广，寻常的举动肯定无法激起他们对我们特别的好感，那我们要怎样才能通过客户的严格审视，给他们留下好感，为合作打下基础呢？

可以分别从外表魅力、相似性、恭维和高价值四个维度进行调整。

第一，外表魅力。 善用自己的外表发散魅力。有句话说："颜值即正义。"优越的外表，自然而然会让人喜欢你。有人可能会问，自己长得不好看，也不是很讨喜的面相，要怎么用外表发散魅力呢？

有两种方法可以帮助你增加外表魅力。一种是正向加分法，就是把你能做到的，发挥到极致。虽然你的长相改变不了，但是你可以改变你的态度、面部表情和穿着打扮，比如时刻面带微笑，举止真诚自然，与对方主动握手并态度热情，增加几分幽默感等。另一种是负面调整法，把不好的、可能引起对方不适的点去掉，比如选一身看起来得体并适合自己风格的衣服，色彩不要太花哨，款式也不要太另类，设计一个清爽干练的发型，坐姿、站姿、走姿端庄自然等。

第二，相似性。 如果细心观察，你会发现能够让你产生好印象、与你相处融洽的人，都是能够和你保持同频的人。所谓同频，就是保持同一频率的沟通方式和气场，能够让彼此感受到足够的亲和感和相似性。那么要如何构建与客户之间的相似性呢？有一个最核心的技巧，就是找共同点，再进行模仿。你可以模仿客户的肢体语言，比如坐姿、手势、头部动作或者面部表情。如果客户的坐姿比较随意，你就可以适当放松一点儿，不要那么拘谨；如果客户喜欢用一些手势去辅助表达，你在表达的时候，也可以借助一些手势，以此来契合客户的风格。你也可以模仿客户说话的语调语气，让客户快速增加安全感，感觉到你是完全接受他的，在情绪上和客户达到共鸣。比如客户说话的语速较慢，那么我们就要改掉连珠炮似的语速，放慢自己的节奏，跟客户保持在一个"频道"上，让对方感觉你没有攻击性，并且很好相处，客户会更容易从心里与你亲近。当然，我们也可以在拜访客户之前，或者在与客户初次见面的谈话过程中，找一些相同点或者相同经历。艺人杨超越之所以那么受欢迎，是因为在比赛中，比起那些唱跳俱佳还努力勤奋的天赋型选手，杨超越表现得更像我们大多数普通人，有的时候会想要偷懒、不愿意早起，在比赛中没表现好会大哭一场……所以，对有相似之处的人，人们才会更容易产生好感。在很多励志故事中，一个成功人士愿意给一个年轻人一次机会时，都会说一句："这个人，很像年轻时候的我。"这其实就是因为这个年轻人激起了这个成功人士关于相似性的共鸣。所以销售人员想给客户留下好感，也要善用相似性，找到你与客户的共同点，让客户感觉亲近。

第三，恭维。你去朋友家做客的时候，看到朋友家客厅里面挂着一幅色彩明艳的山水画，你情不自禁地说了一句："这幅画真不错，谁买的？真是好眼力！因为这幅画，给客厅增添了几分艺术美感。"你会发现，也许你只是不经意地说了一句，但是朋友的心情会立刻变得不一样。朋友会很开心，也很欣慰，觉得你是知音，懂得欣赏，自然就会跟你亲近许多。曾经有研究人员通过实验证实，比起就事论事的沟通方式，带有称赞属性的对话往往更容易让人喜欢上对方。所以销售人员一定要善用恭维的话，提升客户对自己的好感度。

销售人员在与客户寒暄之后，可以对接待室的装修赞叹一番，也可以具体地谈一下桌上、地上或者窗台上的花卉、盆景的造型如何独特新颖，颜色亮度或者搭配如何得当，甚至还可以对它们的摆放位置用"恰到好处、错落有致"等词来形容一番。这些都是非常显而易见、容易捕捉到的方面，你只要留心观察，会发现可以从特别多的细节出发去恭维客户。另外，如果在进入客户的办公室之前有其他人接待，你也可以对接待人员表示一下赞赏，对他们周到热情的引导表示感谢。因为对任何一个领导来说，当自己的下属被称赞的时候，其实就是在夸他"带人有方"，客户看到自己的下属被称赞会非常高兴，同时在场的接待人员也会对你心怀感激，在以后的接触中可能会主动帮你。

第四，高价值。不同于生活场景，职场、生意场上，没有永远的友谊，只有永远的利益。做生意，亘古不变的是对自己心目中利益的追求。对方的利益即我方的价值，所以，职场、生意场中的好感，更多的是来自对方觉得"你有价值"，你的价值能"为我所用"。这就要求你在第一次与客户见面的时候，要抬高自己的身价，想办法一出场就把对方"镇住"。

在社交场合，更多的是利益权衡。结交你，对我而言意味着什么？结交我，对你而言意味着什么？只有当自己的实力能够与他人势均力敌或者高于对方的时候，你在对方的眼里才是一个有价值、值得结交的人，他才不会在心里轻视你，把你 pass（淘汰）掉。

所以，销售人员在见客户的时候，一定要保持自信的形象，不能弯腰驼背，让一个硕大的公文包遮住身体，因为这些都是你不自信、低姿态的表现。记住，权威会让人崇拜！你自信就会显得有权威，这样一来你说的话自然就有分量！

在任何重要的场合，我们都要对自己充满信心，步履坚定，昂首挺胸，笑容亲切，平时尽量穿正装出门，谈吐尽量更加职业化和干练。另外，销售人员在身上要注意留一个抢眼的地方，比如我会戴一块 10 多万元的名表，这样显示你有成功的过去和现在，每个人都向往成功，客户自然也愿意和成功的你打交道。

综上所述，良好的开始是成功的一半，如果销售人员陌拜客户时能得到客户的好感，那就为获得客户的信任奠定了基础。信任是接下来展开合作的基础，有了信任我们才能得到我们想得到的一切，所以，想第一次见面就让客户对你有好感，切记从"外表魅力、相似性、恭维、高价值"四个维度去优化自己。

商务场合，如何通过着装
打造魅力形象

　　微软和IBM（国际商业机器公司）之间有一个流传很久的谈判故事：

　　1980年8月，IBM的几个高管受命去西雅图见比尔·盖茨，他们西装革履，气度不凡。但是在硅谷，程序员都穿得很随意，比尔·盖茨更是牛仔裤的忠实拥护者。见面当天，盖茨顶着一张娃娃脸，穿着套头的马球衫、牛仔裤。IBM的几个高管肯定没想到，这个完全不修边幅的小伙子，未来会影响整个计算机行业，也会对IBM的发展产生至关重要的影响。所以第一天他们都觉得自己被比尔·盖茨"轻视"了。但是谈判还要继续。

　　到了第二天见面的时候，为了表达尊重和诚意，IBM的几个高管都脱掉了昂贵的西服，换上了比较宽松的长裤，还搭配了棉布的格子衬衫，但没想到的是，比尔·盖茨竟然换上了三件套的西服，还特意搭配了领带。

　　这一次见面，双方心照不宣，读懂了对方的诚意，整个氛围变得非常融洽，谈判也异常顺利。你看，在商务场合，有时候你什么都没说，但是你的穿着打扮，就已经把你的想法传达给对方了。

衣服，不仅是包装形象的利器，也是一种沟通方式。当你和不同职业的人打交道时，如果你能用服装巧妙地表达友好，或者一言不发地表达出你的强势、权威地位，你就多了一件影响他人的秘密武器。

之前有一个调查，很多企业主在遴选新任经理人时，被问到一个问题："如果有几位专业、资历、管理能力、人际关系各方面都具备相似实力的候选人，你最后会选择哪一个？"企业主的答案出乎意料："看起来像主管的那一个！"

什么叫作"看起来像"？就是身上带着能够成为领导者、能成事的特征。但是在商务场合，人与人相处的时间往往很短，要怎么让别人觉得我们"看起来像"呢？我们就需要巧借包装，来抬高自己的形象。具体需要怎么做呢？可以注意以下三点：

首先，用基础着装搭配，抬高自己的身价。

我们经常说，要把功夫下在平时，很多加分的着装，并不是一瞬间的惊艳，而是让别人一眼就看出你穿得有质感，你是"讲究人"。我们要如何利用基础款，放大自己的魅力呢？可以遵循 TPO 原则。TPO 是英文 time、place、object 的缩写，分别代表时间、场合以及对象。着装的 TPO 原则，简言之就是：穿衣打扮要以时间、场合以及自身条件为基础，三者协调才能够穿出理想的效果。

time，表示时间，主要是指季节，冬穿棉袄夏穿裙，这便是典型的穿衣守则。随着面料以及设计逐渐丰富，很多服装款式都不再只是某一季的专属，裙子也可以冬天穿，将轻薄的雪纺面料换成保暖的毛呢面料即可。当然，与时间一致，也可以解释为穿衣打扮要与某一时段的流行一致。

place，表示场合，场合对着装的影响极为明显，在办公室的着装与在家里的着装就不能对换，同样地，拜访客户的着装与约见男友的着装也不可以一样。女性在步入高楼林立的写字楼区时，着装就必须整洁大方，干练利落，巧克力般的深咖色是职场装扮的常用色，沉稳干练又能够打破黑白灰的单调，领口点缀小巧的蝴蝶结，融入女性特有的柔美与妩媚，能够缓和仿若凝固的办公室氛围。男性在进入商务场合时，最好的服饰是西服套装，可以说每个男人都必备一套西服套装以出席正式场合。西服人人都可以穿，但是你一定要记住以下注意事项：

1. 挑选西服时最好选择不容易起皱的面料，比如毛料混纺。

2. 买了新西服第一件事是动剪刀，就算是大品牌的昂贵西服，也请剪掉袖子上的商标。

3. 西服口袋里一定不要放很多东西，腰上也不要挂东西，要展现出西服的质感。

object，表示对象，除了时间和场合这些外在条件的约束，不要忘了穿衣打扮的目的是展现自己的独特气质。你，才是穿衣打扮的主体，所以无论是什么时间、什么场合，你的着装都要符合自身条件，适合自己的才是最好的。也就是说，个人的体形、肤色、年龄以及自身气质等，同样是选择着装时不可忽视的因素。所以，在选择着装之前，一定要充分了解自己，什么才是最适合你的，怎样才能充分展现你的魅力。

其次，遵循穿着得体原则，拉近与对方的心理距离。

在社交场合，什么叫"得体"？得体就是让对方感觉舒服。如何才能让对方感觉舒服呢？答案是跟对方的穿着风格保持一致。就像前面我们说过的 IBM 和比尔·盖茨，为了向对方表达诚意和尊重，从心理上与对方更亲近，"我改变我的风格，变得和你一致"。可能很多销售人员会说："我之前没见过这个客户，也没来过这种场合，要怎么预判对方穿什么呢？"

一般来说，如果是商务场合，你可以了解这个场合大多数人穿着都是什么风格，或者你要见的人，在这种场合过往 50% 以上的时间穿什么风格的衣服，那你就穿什么。比如在一个商务论坛，你想见的人，过往多数时间都是穿正装，那你就选择正装，即使他偶尔随着别人，选择了偏休闲的服装，你也要选择他大多数时候的着装风格。

如果是在非正式的商务场合，比如办公室，那么就要根据不同行业、不同年龄、不同职位去分析客户。比如保守型行业，像政府部门、金融、法律、咨询、酒店、公关等，一般穿着都比较保守，那我们去见这一类型的客户，自然要选择偏正式的服装；如果是创意型行业，像广告、设计、影视、新媒体、互联网、游戏等，这些工作跟外界打交道的机会不是很多，穿着往往就比较轻松随意，一般在办公场所，不会对员工进行服装上的建议或做强制性要求，我们去见这一类型的客户的时候，可以穿着适当休闲、轻松一些。

最后，养成好的着装习惯，是销售人员的基本素养。

很多销售人员都有出门照镜子的习惯，这个习惯非常好，能够及时检查自己的着装和整体形象，注意到自己对外形象展示的每一个细节。

那这个时候我们需要注意什么呢？

第一，销售人员可以留意一下自己的发型和服装是否搭配和谐，衣服是否干净整洁，没有褶皱。我之前有一个学员，上课的时候不小心把咖啡洒在了衣服上，自己也没留意，上完课，他跟我打招呼说："色哥，我走了，一会儿要见一个客户。"我问他是否准备先到酒店或者回家整理一下，他说不用，一个大男人不需要在意细节。我指了指他身上的污渍，他才明白过来，赶紧回去整理。你看，生活中会有很多我们没有留意的细节，但恰恰是这些细节，可能给客户留下我们邋遢、不注意形象的坏印象。所以，每次见客户、参加商务活动之前，一定要记得检查自己的形象，尤其是男性，不要因为自己平时不拘小节，就忘了商务活动中着装等各种细节的重要性。

第二，销售人员一定要多给自己买一些适合商务场合的衣服。你的衣柜中的服装配比，一定是80%适合职场、商务场合的衣服，加上20%日常休闲穿搭。很多客户不是见一次就能拿下来的，你每次见客户，穿搭上大体有些不同，也会给人留下不同的印象。不要等到准备出门时，才发现自己除了平时那几件衣服，一件合适的衣服也没有。

第三，销售人员一定要注意自己的衣品，平时在服装搭配方面多下一些功夫。因为你的穿着不仅代表了你个人，也代表了你的团队、你的企业，如果你的着装专业、得体，客户会觉得，一个对衣品有讲究的人，做事风格也一定不会差。中国人习惯以貌取人，这个"貌"并非完全指长相，它是由形象、气质、穿搭等多方面组成的。当你将每一个细节都处理得当的时候，你的形象气质自然会提升，你会变得更自信，客户也会更欣赏你，愿意信任你，与你亲近。所以，看完这本书，我希望如果你之前就很擅长服装搭配，再好好地审视一下，自己在哪些方面还有提升空间；如果之前不太擅长着装的选择和搭配，那么可以多下点儿功夫，去学习一些服装搭配的技巧。

思想家葛拉西安曾说，衣着，是灵魂的外壳。有些人灵魂美丽，自然优雅，若再配上出色的着装，便如锦上添花，魅力倍增。所以，要通过自己的着装，打造魅力形象，从而吸引更多优质的客户。你学会了吗？

如何在仪容和气质上，
获得客户认可

我之前有一个学员，是一家企业的销售总监，因为家里和朋友有一些资源，在没做销售总监之前，自己有一些业绩，所以公司给他升了职。但是当了总监之后，因为他的客户只能够支撑他个人的业绩，他觉得自己带团队能力不太够，也不知道怎么去拓展其他客户，所以找到我。我跟他面对面聊了半天，辅助他发现了很多问题之后，跟他说："你是销售总监，站在别人面前的时候能不能把后背挺起来？你缩着肩膀，还有点儿驼背，这些都是一种不自信的表现。有哪个公司的客户，愿意跟一个不自信的人打交道，会把很重要的单子交给你呢？你自己都不相信自己，那别人又怎么相信你！"

他听我说完以后，立刻调整了站姿，整个人看起来就精神多了。几个月之后，他给我发信息说："倪老师，我上次听完你的话，留意到了自己从未留意过的仪容仪表、站姿坐姿，以前真不知道这些有什么问题，但是调整完以后，我发现自己的心态和做事风格都不一样了。当我挺起腰杆的一瞬间，我就开始相信我能行。以前我心里总会怀疑，我能行吗？

但是现在，我更多会想：我可以！我行！最近几个月，心态改变后，工作也顺了不少，还有一个大客户，马上要签约了，团队也渐渐带得顺手了。"

你看，这就是仪容仪表和气质对一个人的影响。我们销售人员，几乎每一天都在面对不同的人，形象对我们来说尤其重要。我们所说的形象，不仅仅是长相、穿衣、发型和妆容，而是一种综合的素质，一种外表与内在的结合。它在清楚地给你下定义，在无声地向别人讲一个关于你的故事——你是谁，你的社会地位高低，你的生活品质如何，你是否有发展前途。你的仪容仪表是你的外在包装，气质则是你的内在包装。那要如何才能内外兼修，给人留下更好的印象，吃透印象分的"红利"呢？

首先我们来说仪容仪表，给大家的建议是"三不原则"＋"一个度"。

"三不原则"具体为：

第一，体毛不外露。 比如腋下，女性如果穿一些露出腋窝的服装，腋毛就一定要剔除，如果四肢汗毛较长较重，也一定要及时处理。我就曾听一个女性领导说，她一直不喜欢对方的女销售人员，因为这位销售人员在不经意间抬手臂的时候，让她看到了黑黑的腋毛，导致后来每次见面时，她都能想到那个尴尬的场景。

男性因为生理因素，毛发天生就比女性重，所以正式场合不能过多裸露皮肤。之前听过很多人抱怨，说同样是在星级酒店，女性可以穿吊带和凉拖，男性为什么就不能穿挎篮背心和夹脚拖鞋呢？其实就是社交场合"体毛不外露"的原则，男性如果穿挎篮背心和短裤，腋毛、腿毛都会暴露在大庭广众之下，形象不雅，所以很多场合都是不允许的。如果让男性像女性一样，剔除外露的体毛，又失了男子气概，所以在偏正式的商务场合，建议男性一定要穿长裤。

第二，体声不外响。比如穿高跟鞋走路的声音、手机的声音、吃东西的声音等。试想一下，我们见客户的时候，走在别人的办公室里，高跟鞋一直咔嗒咔嗒地响；跟客户面谈时，手机铃声一直不停，对方虽然嘴上不说，但心里一定是不舒服的。所以我们在去拜访客户之前，一定要记得将手机调成振动，如果穿的鞋子是很容易发出响声的，走路一定要多加小心。成功树立良好的形象很难，但不好的形象往往只要一个细节，就足够别人记住了。

第三，体味不外传。我们要时刻留意口腔和身体是否有异味。电视上经常看到关于口腔异味的广告，一个人嘴巴里有味道，连他的恋人都无法接受，更何况是在商务场合中大多数只有利益关系的人。出门时，我们可以嚼一粒口香糖；跟客户面谈时，要适当保持礼貌的距离，也可以备一点儿淡淡的香水，遮掩一下身上的味道。尤其是夏天，很多销售人员一整天都在外面跑，很容易一身汗接一身汗地出，你到客户的办公室时，坐下来可能会一身汗臭，一定要提前想办法处理，不要给客户留下坏印象。

"一个度"，即**皮肤的裸露尺度。**这一点一定要注意，尤其是女性销售人员。因为不同的职业、不同的场合，对皮肤的裸露尺度的要求是不同的。像金融、医疗、法律、公务员等职业，对男性的要求是颈部以下不露，大臂以上不露，可露的只有手、小臂、头、颈；对女性的要求是开领不低于颈窝以下 7 厘米，胸、肩、背不露，膝盖以上 10 厘米不露，这就意味着女性站立时西服裙不短于膝盖上方 3 厘米，否则坐下后大腿露出部分就会超过膝盖 10 厘米。特别正式的商务场合，男性一般都选择穿正装，女性则大多会选择裙装，但一定要注意，不能过于性感和裸露，一方面影响专业形象，另一方面也可能会给自己引来麻烦。

美国前第一夫人希拉里就曾因为裸露尺度饱受热议。2007 年，希拉里穿着粉红色外套、黑色内衣，在参议院侃侃而谈，批评高等教育学费过高，但是《华盛顿邮报》时尚版劈头盖脸地痛斥了她一顿，说："18 日下午 C-SPAN2（国会电视台）出现了乳沟——那是属于希拉里的！"我们销售人员也要以此为戒，不要在面谈的时候让你的客户觉得"不知道应该往哪里看"。

前面我们讲的是外在的形象，接下来我们要说一下内在的修为——气质。很多销售人员学历都不高，而且入行的时候比较年轻，那要如何才能提升气质、展现高修为呢？有以下几点可供参考：

第一，身形保持稳定，行为举止得体。

前面我给大家讲的销售总监的例子说明，一个人含胸驼背，看起来就特别没有自信，也不容易让人信服，自信是一个人看起来有气质的基础。除了自信，很重要的一点，就是要稳。走路的时候要稳一点儿、慢一点儿，这样的走路方法才是大人物的走路方法，走路的时候左顾右盼也会显得很没气质，并且不要驼背，千万不要！无论男女，要站有站相、坐有坐相，不要跷二郎腿，虽然你坐着舒服，但是别人看着却极为不雅。

第二，情绪不外露，提升自己的修为。

一个合格的销售人员，一定不会随便显露自己的情绪。不管你遇到多大的挫折、压力，面对多少拒绝，都不要逢人便说你的遭遇和不容易，更不要一有机会就唠叨你的不满。遇到不同意见，我们可以求同存异，不辩驳，不去试图说服对方、改变对方，甚至对方给我们造成的小麻烦，如果不是原则问题，我们也可以抱以宽容之心。多一些共情，多一些理解，就能避免为自己树敌，减少失业的概率和人生中的阻力。而你表现得宽容大度，做事隐忍沉稳，自然在行为气质上就跟别人不同，会赢得更多的认可与赞赏。

第三，多读书，用知识凸显气质。

有句话说："最好的修为是经历。"很多销售人员入行时间短，经历少、见识少，那就只能多读书、多学习，通过知识增加底蕴，来提升自己的综合气质。我建议大家除了读一些跟销售行业有关的技能、方法性书籍，也可以读读历史和文学，历史让我们有深度，文学让我们有涵养。

第四，热情善良，自带温度，形成人格魅力。

一个有人格魅力的人，可以弥补其他方面的很多不足。电视剧《鸡毛飞上天》里，陈金水教小时候的陈江河做生意，非常重要的一点就是做人要勤快，能搭把手的就搭把手，对别人热心热情，别人才会更喜欢你，愿意跟你做生意。销售也一样，很多时候成功并非只靠实力，还有人际关系。谁都喜欢主动对自己示好，并能给予自己一定帮助的人，别人若喜欢我，我也会喜欢他，起码不排斥他。一个面善的人，会给人一种天然的可信任感，所以在与人相处的时候，要面带笑容。笑容不仅是对自己的赞赏，更是给别人的礼物。你对别人微笑一下，别人可能会快乐半天；你对别人恶言恶语，可能会导致对方郁闷良久。所以，我们要微笑对待生活和他人，要自信且保持谦虚，不固执不偏执，成为一个受人喜欢的人。

综上，就是我们在仪容仪表和气质方面提升的建议和方法。这里面很多细节都非常微小，以至于很多销售人员会觉得，这些事情太小了，还要这么在意吗？事实是，细节越多的地方，就越需要注意，因为你给人的印象、你可能得到的机会都藏在里面。

招呼礼仪：
巧用开场45秒，抓住对方的心

假设这样一个场景：一个男生走在大街上，看到一个陌生的漂亮女生，就直接走上去问："我一见到你就喜欢你，你能嫁给我吗？"你猜，这个男生会得到什么样的答案？

很明显，这个男生会被拒绝，这个女生可能还会觉得受到了骚扰。

再假设你在路旁等公交车，一位卖报人走过来，对着人群高喊："卖报！卖报！一元一份！"与此同时，另一位卖报人也走了过来，同样高喊："卖报！卖报！本·拉登发表新讲话，称将发动大规模恐怖袭击！中国足球再遭惨败，主教练面临下课危机！最新预报，台风明天登陆本省，中心风力可达12级！"对比一下，两位卖同样报纸的卖报人，你会买哪一位的报纸？

很显然，后面那位卖报人的开场白极具吸引力，他利用人的好奇心，通过极具诱惑力的语言，成功地吊起了等车人的胃口，激发了他们的兴趣，自然会比前一位卖报人获得更好的销售业绩。

通过以上两个场景，我们就可以明白，客户是被吸引来的，不是死缠烂打逼来的。色彩营销学中有一个"7秒钟定律"，说的是面对琳琅满目的商品，人们其实只需要7秒就基本能确定对这些商品是否感兴趣，在这短暂而关键的7秒内，色彩的作用占到67%，成为决定人们对商品好恶的重要因素。

商品如何获得关注有"7秒钟定律"研究说明，我们若想获得对方的关注，有没有类似的研究理论呢？

当然有，美国心理学家洛钦斯提出"首因效应"，也叫"第一印象效应"，说的是当一个人在初次见面时给人留下了良好的印象，那么人们就愿意和他接近；反之，对于一个初次见面就引起对方反感的人，即使由于各种原因难以避免与之接触，人们也会对他很冷淡，在极端的情况下，甚至会在心理上和实际行为中产生与之对抗的状态。

第一印象是在短时间内以片面的资料为基础形成的印象，心理学研究发现，与一个人初次会面，45秒内就能产生第一印象，主要是依据对对方的性别、年龄、长相、表情、姿态、身材、衣着打扮等方面产生的印象，从而判断对方的内在素养和个性特征。这种先入为主的第一印象是人的普遍的主观性倾向，会直接影响到以后的一系列行为。

在现实生活中，首因效应所形成的第一印象常常影响着人们对他人以后长期的评价和看法。伟大如孔子，也曾经被第一印象蒙蔽。孔子有一位学生名叫宰予，能说会道，给孔子留下的第一印象十分不错。但在后来的相处中，孔子渐渐发现宰予十分懒惰，学习态度也不好，白天不去听孔子讲课，反而在床上呼呼大睡。为此，孔子还骂他"朽木不可雕"。

孔子还有一个弟子叫澹台灭明。澹台与宰予不同，他长得很丑，孔子第一眼见他并不喜欢他，认为他不会成才。但澹台拜师后学习努力，为人处世也十分正派，从不走邪路，后来成为一位十分著名的学者，在他门下学习的有 300 多人。澹台灭明出色的才干和贤良的品德在各个国家流传，很是受人追捧。孔子得知后，感慨地说："我只凭着言辞去判断一个人的品质，结果对宰予的判断是错的；我只凭着相貌判断一个人的品德能力，结果对澹台的判断也是错的。"

7 秒，或者更久一点儿的 45 秒，这么短时间的工作内容，在销售里我们叫开场白，也叫客户关系破冰，是初次见面与客户打招呼寒暄的沟通阶段。这个阶段我们的目的是给客户一个好印象，激发客户想进一步了解我们的兴趣。做过销售的人都明白：拜访陌生客户时，开场白的好与坏，很可能会为一场或郑重或轻松的客户拜访奠定成功或失败的基调。

无论是 7 秒钟定律，还是 45 秒内形成的首因效应，都揭示了一个道理：好的开端是成功的一半。我们销售人员拜访陌生客户，当然想一出场就获得客户的喜欢，给客户留下美好深刻的印象，从而为后续的沟通打下扎实的基础，但是，我们怎么才能在初次见面短短的 45 秒内，给客户一个好印象，抓住客户的心呢？

可以用 SOLER 原则和"六脉神剑"这两招来建立好的第一印象，抓住客户的心。

社会心理学家伊根在 1977 年研究发现，在人与人相遇之初，按照 SOLER 原则来表现自己，可以明显增加他人的接纳性，能在人们心中建立良好的第一印象。"SOLER"是由 5 个英文单词的首字母拼写而成的专用术语，其中：

S（squarely）指面向对方，这样能保证你们是两个人在沟通，而不是一个人在单方面说。

O（open）指采取开放的姿态。不要预设观点，比如"你这样讲就是为了惹我生气"，我们在沟通的时候要尽量避免说这样的话。

L（lean）指上半身略微向对方前倾，这样可以让你表现得更加真挚。尤其是在跟年龄小的孩子沟通的时候，这一条可以升级为半蹲或者单膝跪地与孩子交流。

E（eyes）指眼神有接触。这样会让你们双方都投入到当下的沟通中，大家都知道眼睛是心灵的窗户。

R（relax）指放松，不仅要身体放松，交流的氛围也要放松。这样，对方才不会有不安全感和紧迫感。

SOLER 原则表现出来的含义就是"我很尊重你，对你很有兴趣，我内心是接纳你的，请随意"。

初次拜访客户的时候，我们总是要说些话来打破人与人之间初次见面的僵局，目的是主动与对方交流，把与对方的关系由陌生、不熟悉、不信任、不舒服的尴尬转化为愉悦、平等、真诚的交流，这个环节也叫"破冰"。开场白是行动方式，破冰是目的。我们想实现破冰的目的，可以用以下六种开场白技巧，为了方便记忆，我们称之为"六脉神剑"。

第一脉神剑：寻找共同点。

怎样和陌生的客户拉近感情距离呢？这需要找到一个相同点，即共同语言。这一点并不难，客户的好恶、经历、脾气、兴趣、语言、体形、信仰、生活方式、出生地等，只要与你有任何相同点，你都可以以此为开端与客户慢慢接近。假如没有任何相同之处，你也可以让自己从无变有，这需要使用一些善意的谎言。在推销理论中有一种角色扮演的说法，这是帕特森最先提出的，要求客户是什么样的人，你就是什么样的人。努力融入客户，是接近客户的诀窍。

譬如，我经常用的方法是询问客户："听口音你不是上海本地人？"

客户说："我不是，我老家是湖南的。"

我说："哦，湖南的啊，难怪一见你就特别亲切呢，我大学最好的同学就是湖南人，上学那会儿，他从老家带一大罐辣椒酱，两三天就被我们给吃光了，太好吃了，对了……"

最常用的找共同点的方式就是攀认式，可攀亲友、攀老乡、攀校友、攀共同喜好等。生活在社会中，每个人都会有自己的关系网，只要彼此留意，就能够发现与对方有着这样或者那样的交叉点，找到了交叉点，就能迅速消除陌生感。

菲律宾前总统科拉松·阿基诺访问中国时，第一个目的地不是北京，而是沿着有中国血统的菲律宾人当年走过的路线，直奔祖籍福建省漳州市龙海区鸿渐村。在那里，她拜访叔叔，祭祀祖宗，与乡亲攀谈。她深情地对乡亲们说，她来中国不仅是为了国事，也是为了个人家事，因为

"自己不仅是菲律宾的总统，也是鸿渐村的女儿"。

女儿回娘家，娘家自然以百倍的热情相待。科拉松·阿基诺重返故里，为其成功访问北京打下了感情基础。

第二脉神剑：真诚请教法。

几乎每个人都喜欢别人看到并赞美自己的长处。那么，初次见面交谈时，我们应该投其所好，以直接或间接的方式指出对方的长处，并向他请教一番，这样的开场白能使对方高兴，从而对你产生好感，进而激发交谈的积极性。

有一次，我为了卖水泵，陌拜了某电力公司的总经理。初次见面，我突然开口问道："张总，我看到了您发表在《中国电力》上的关于'电力企业如何节能减排'的文章，里面说，一座火力发电厂，仅仅冷却系统就能节能 20%，这是真的吗？真的有那么大的节能空间吗？"我话音刚落，总经理就兴奋起来，谈兴大发，我卖水泵的事情当然不在话下，我还被总经理热情地邀请去下属的五大电厂去做现场数据调查呢！

客户身上有哪些亮点，你就可以请教哪些方面的内容，比如客户的身材好，此时就可以请教客户："张总，您那么忙，应酬那么多，身材还保养得这么好，请问您平时的饮食是怎么安排的？会做哪些运动？"

第三脉神剑：赞美法。

赞美是一门学问，一门艺术，用得不好，让人反感，运用得好，会收到意想不到的好效果，要掌握好舒服和肉麻之间的尺度。记住，没有人不愿意听奉承话，虽然人们常说讨厌拍马屁，但马屁真的拍到自己身上，即使明知有所夸大，也会忍不住暗自高兴。但赞美一定要有技巧，要有激情，你要善于发现对方引以为荣的事，一旦发现，立刻由衷赞叹，并引发对方对回忆的谈论。记住，当你的客户和你谈论他的往事的时候，他就真的把你当朋友了。比如：

"我曾多次拜读您的作品，从中学到了很多东西，可谓受益匪浅！没想到今天竟能在这里见到您，真是荣幸之至啊。"

"'桂林山水甲天下'，我一直渴望去桂林一饱眼福呢，很高兴能认识您这位桂林的朋友。"

赞美的话很多，但是有六点赞美的小常识需要我们注意：了解对方，赞美才能有的放矢；女人总喜欢别人说她的穿衣风格有品位；尽量把年龄往小猜；对客户的孩子和宠物表示喜爱；夸奖对方的看法比别人更有见地；永远不要和客户没大没小，尽量称呼职位，比如张总，千万不要称呼其全名。

第四脉神剑：服务法。

赠人玫瑰，手有余香。如果初次见面，我们能为客户做点儿什么，提供一些服务，也是有效拉近关系的好方法，如："张工，今天天气挺冷的，我看楼下有卖热咖啡的，就给你带了一杯暖一暖。"

第五脉神剑：利益法。

每个人都关注自己的公司利益和个人利益，我们初次拜访客户的时候，可以把我们的产品能带给客户的利益，用数字的形式展现出来，让客户看到真实的好处，也能感受到你所推销产品的先进性，比如："张工，我们公司推出了一款新产品，运用新型水力模型技术，能够节约 30% 的电费……您看，这是这款产品在某某企业现场的照片……"

第六脉神剑：感谢破冰法。

拜访客户时，销售人员还可以以感谢的方式作为开场白，例如："张工您好，非常感谢您百忙之中给我会面的机会。我知道您工作很忙，接下来我会尽量长话短说，简要介绍我们公司的产品。"

以感谢的方式开场是一种很好的开场白。首先，人人都有这样的心理，当别人向他致谢的时候，通常能够引起他的自我肯定。其次，中国人都爱面子，你在给他戴上"事业有成、公务繁忙"的高帽子后又加以真挚的感谢，已经给足了他面子。最后，人性本善，而拒绝是一种伤害感情的行为，人们在拒绝的时候常常会不自觉地找一个借口为自己开脱，以免感到内疚，对于在工作时间找上门的你，客户最好的理由就是"我正在忙""我没有时间"这种貌似事实的借口，如果你一开始就用"知道您很忙"把这个借口点破，客户就不得不再找一个过得去的借口，在他思索的时候，你就争取到了时间。

综上，我们初次与客户见面时，在见到客户的瞬间，可以用 SOLER 原则给客户留下好印象，在随后的 7 ～ 45 秒，可以用"六脉神剑"法做开场白，实现客户关系破冰，从而抓住客户的心。你学会了吗？

名片礼仪：
一张小名片敲开机会的门

有句话说："不想当将军的士兵不是好士兵。"职场中，每一个从业人员都想得到领导赏识，获得晋升的机会，但你想被重用，前提条件是必须先让领导知道你擅长什么。你要先在领导的心里留下一个印象，让领导确信你有什么技能或专长，待未来出现这方面的需求时，领导能想到你，给你机会。也就是说，你想进入职场的快车道，就要学会在领导的心里放一张"心理名片"，这张名片会清晰地告诉领导，你的品性如何，擅长什么，能做好什么。

名片，我们都知道是什么，但是"心理名片"究竟是什么，可能小伙伴们不是非常清楚。

名片是我们拜访或沟通时介绍自己是谁、职能是什么的小卡片，上面印有我们个人的姓名、地址、职位、电话号码、邮箱、单位名称、职业等。我们主动给对方递交名片，是向对方推销介绍自己的一种方式，这并不是一个难题，可以说谁都会，但是想通过递交名片在对方心里留下一个深深的烙印，这就有点儿难度了。你的名片必须有特点，这样才能深入人心，在对方的心里也留下一个"心理名片"，让对方把你记住。

关于名片，清朝还流传着这样一个故事：清朝道光年间，浙江鄞县（今宁波市鄞州区）举人徐时栋参加当地官员的宴会，得知有人曾用他的名片前往官署徇私说情，幸被识破。后来，许多名人都在名片背面注明"不作他用"字样，以免被狡诈之徒利用。

名片虽小，但它是一个人基本情况的说明，也是一个人身份的象征。你怎么对待别人的名片和别人怎么对待你的名片，其实都不是单单针对名片本身，而是针对名片主人。别人对待你的名片的方式反映出别人看不看得起你，给不给你面子，比如别人接过你的名片，看都不看直接往桌子上一放，这很明显是看不起你，也会让你感觉很没有面子。既然名片关系到递交名片者的面子，那么递交和接收名片就要掌握方法，不然很容易得罪人。

首先，放名片的位置要讲究，一般名片都放在衬衫的左侧口袋或西服的内侧口袋里，最好不要放在裤子口袋里。自己要养成检查名片夹内是否还有名片的习惯，以免在需要交换名片的时候由于找不到名片而尴尬。

其次，上司在场时自己不要先递交名片，要等上司先递上名片后才能递上自己的名片。递交名片时要将各个手指并拢，大拇指轻夹着名片的右下位置，便于对方接收。接收名片时要用双手去拿，拿到名片时可轻声念出对方的名字，让对方确认无误；如果念错了，要记住说"对不起"。

最后，收到名片后，可放置于自己名片夹的上端夹内。同时交换名片时，可以右手递交名片，左手接收对方的名片。收到名片后，不要无意识地玩弄对方的名片，也不要当场在对方名片上写备注。

请注意，一般不要伸手向别人讨要名片，必须如此时，应以请求的语气，说"您方便的话，请给我一张名片，以便日后联系"等类似的话。

递交和接收名片的方式，会影响对方的感受，但只要做到以上几点，在商务场合必不会失礼。

说完了这个实物、有形的名片，色哥想跟你聊一聊在客户心中如何更好地塑造"心理名片"。很多人都听说过"销售就是卖自己"这种说法，卖自己，并不是真的出卖自己，而是打造一张专属的、独特的、有价值的，同时能够吸引他人、感召他人、得到他人认可并进一步认可自己的产品的"心理名片"。中国的城市那么多，一个城市想要被人记住，打造"城市名片"是一个重要的举措。同样地，对市场销售人员来说，销售产品的人那么多，想让客户看到你、记住你，并与你合作，打造一张个人"心理名片"是必须的！

也就是说，你要让别人想起你时，首先能想起你的基本特征，比如你是销售水泵的，你人品不错，你值得信任，等等。这些特征就是你的职场名片，或者叫个人标签。不管你赞不赞同，每一个人在别人心目中都会有一个标签，或者叫个人印象，这个标签告诉别人：你是谁，你是做什么的，你的为人如何。

一个城市为了凸显自己的独特性，会打造专属的城市名片，比如江西宜春的城市名片是"一座四季如春的城市"，西藏的城市名片是"一场心灵之旅"，四川成都的城市名片是"一座来了就不想离开的城市"，广西南宁的城市名片是"中国绿城"，广西桂林的城市名片是"桂林山水甲天下"，如此种种，不一而足。一家企业为了让自己被消费者记住并引发购买行为，会打造自己的企业标签，比如海尔公司的"真诚到永远"，格力空调的"好空调，格力造"，雀巢咖啡的"味道好极了"，农夫山泉的"农夫山泉有点甜"……这些都是给客户留下深刻印象的利器。

而我们自己呢？我们这些想在职场上出人头地的年轻人，有没有想过要在客户的心里留下一个怎样的"心理名片"，吸引客户的关注呢？

如果没有，现在开始打造它。因为从某种意义上来说，个人"心理名片"的经营，就如同一家企业塑造企业形象一样，能通过塑造出杰出的品牌形象来推动自我发展，为自己赢得更多的机会。

在职场中，如何才能成功地塑造出"心理名片"呢？我们只要坚持"新、奇、特"三个维度即可。

第一，"新"指独特性，能给客户新鲜感。我们如何打造自己的独特性呢？

世界上没有两片相同的叶子，我们每个人在世界上都是独一无二的，都天然具备有别于他人的独特性，但是"世界上不是缺少美，而是缺少发现美的眼睛"，我们如果泯然众人，表现得极为普通，那并不说明我们不够独特，而是说明我们缺乏展现自己独特性的方法而已。

雷锋原本是一个普通的战士，但是他喜欢帮助他人，而且多年如一日地帮助他人不求回报，就有了"雷锋精神"，于是"乐于助人"就变成了雷锋的一张个人"心理名片"，每个人想到雷锋，就会想到这是一个主动帮助他人、不求回报、值得信任的人。

今年8月份，我拜访了一位铸造厂的董事长，在聊天的时候，他说，他做铸造这一行已经30年了，一直负责生产。于是，这位董事长在我的心里瞬间建立起"铸造业老专家"的形象。

哪怕我是双胞胎中的一个，我和我的兄弟姐妹也必然会有细微的不同。每个人都有属于自己独特的基因排序，每个人也都有自己独一无二的性格，关键是如何发掘自己的独特之处，并呈现给他人。如果能成功塑造自己的独特性，那么我们的职场竞争力就是独一无二、没有对手的。因为独特性意味着我们更容易被客户记住，更容易被客户发现，我们不可替代。

第二，"奇"指稀缺性，放大你的个人价值。我们要如何体现自己的稀缺性？

俗话说："物以稀为贵。"现在我们常常想远离城市的喧闹，到山野田园去转一圈，待个几天，为什么？因为相对于天天看到的城市的高楼林立、车流滚滚，山野田园的那种寂静、无争、自由反而是一种稀缺，是我们更想拥有的。反之亦然，你在农村待久了，也一定想要去城里逛逛。

职场亦是如此，我们个人名片的稀缺性，直接决定了我们个人在客户心目中的价值。假设一家公司的两个人，一个是普通销售人员，一个是销售总监，虽然都在同一家公司任职，但是这两个人同时去拜访客户，在客户的心中，谁的价值更高一点儿？

毫无疑问，当然是销售总监了！

销售总监相对于销售代表更稀缺，所以更具备价值，两利相权取其重，这是基本的人性，所以，客户倾向于选择职位更高、更稀缺的人是理所当然的事情。因为稀缺，你个人的价值就会得到增值和放大，所以如果你拥有别人没有的能力、特质、才华，而这些又都是对方所需要的资源或能力，那么你就是独一无二的，你很快能够在其中脱颖而出，成为领导或客户倚重的人，成为单位不可或缺的人。

我们要特别注重挖掘自己的兴趣和爱好。首先思考你身上有哪些是其他同事不具备的能力，是你所独有的，同时观察单位缺少哪些方面的人才，你可以在这些方面投入大量的时间和精力，把你的特长无限放大、无限做强，让它成为你身上最亮眼的标签、最强大的能力，这样就形成了自己在他人心里的"心理名片"。比如我以前在一家新能源企业任职之后，就认真地分析同事们的优势和劣势，也分析自己的机会在哪里，和聪明的同事相比，我觉得我的执行力可能是我的特点，确定下来之后，我每次做事几乎都是第一个行动的人。有一次总裁号召我们学习"矛盾论"，第二天我就把将矛盾论用在销售中的一些思考递交给了总裁。

类似的事情举不胜举，时间久了，总裁的心里就放了一张关于我的名片，以至于有一次，总裁提拔我之后，在我们两个人交谈时，总裁问我："倪总，你知道你最大的优点是什么吗？"

我说："不知道。"

总裁说："是你的执行力。你的行动力是我们公司的第一名。"

虽然我说不知道，其实我明白，这个执行力、行动力，其实就是我专门为自己找的竞争力。稀缺性，就是在哪些方面，你能提供别人提供不了的价值。有时候我们在职场上的发展并不会受限于我们最短的那一块木板，而是取决于我们最长的那一块木板。把自己的长处发挥到极致，就可以弥补你的短处。

第三，"特"指专业性，具备某一方面专家的素质。我们要塑造自己的特长，也就是我们工作的专业度，要成为某个专业的专家。

我们平时感冒发烧，随便找个医生看看即可，但是稍微严重一点儿的疾病，我们一定要去挂专家号，只有真正的专家诊断我们才会相信。这就是专家的价值。你宁愿多付出些代价，也要找专家帮你解决问题，而且你还无条件地信任专家。

成为专家没有捷径，专家需要一个积累和学习的过程，一定要认认真真工作，认认真真总结和提高。根据一万小时定律，如果你专心一志，差不多三年你就可以成为专家了。专家是相对的，同样在某一家公司做销售，如果你每天晚上多花一小时去研究公司产品，那么一个月后，相对于其他同时期进公司的销售人员，你就是一个专家。因为你付出的学习时间比他们要多。

以上就是我们塑造"心理名片"的方法，希望小伙伴们在职场和商务场合中，既能亮出自己的实物名片，也能成功打造"心理名片"，让自己成为最特别的那个人，成功抓住一切机会。

介绍礼仪：
你与他人的身价，藏在介绍里

假设你是一名普通的销售人员，今天你带着公司的销售领导去拜访客户的采购部领导，这种情况下，两个不同单位的领导第一次见面，首先要做的就是介绍彼此的身份。你负责跟进这个客户，向两人介绍彼此肯定是你的分内之事，那么问题来了，你是先向客户介绍自己公司的领导，还是先向你的领导介绍客户呢？

小伙伴们千万别以为先介绍谁都无所谓。为他人做介绍要遵循一定的原则，根据不同的情况，确定先介绍谁，再介绍谁，弄错了介绍的顺序，往往容易得罪人，别人会通过这个小细节知道你是否懂社交礼仪，而且身份越是高贵的人越注重社交礼仪。

那具体是先把我方公司领导介绍给客户，还是先把客户介绍给我方公司领导呢？

在职场商务礼仪中，如果双方都是集体或公司，其礼仪是先把地位低的一方介绍给地位高的一方，再把地位高的一方介绍给另一方。我们是去别人单位拜访，我们是客，肯定是客人先要介绍自己是谁！

具体的话术可以这样设计："李经理，您好，给您介绍一下，这是我们公司营销总监陈总监，陈总是清华大学毕业的哟。"

话术的设计除了简要介绍陈总的职位，着重强调了清华大学毕业，这是陈总的人生高光时刻之一，呈现出高价值。

在介绍完陈总之后，你要停顿一会儿，留出时间，让你的领导去和客户进行寒暄，比如握手、表达感谢或问候等。

可以说，人际交往从介绍开始。在社交场合，介绍自己或他人是一个非常重要的环节，是开启社交之门的第一把钥匙，是社交中人们相互认识、建立联系必不可少的一种形式。恰当得体的介绍会给对方留下深刻的印象，为双方会面沟通奠定良好的交流基础。

介绍意在说明情况。大致分为两种形式，一种是自我介绍，也就是说明本人的情况；另一种是介绍他人，即由第三方出面为素不相识的双方做介绍，说明情况。

首先讲自我介绍，自我介绍的公式是：**自我介绍＝问候＋公司或个人特色＋能带给对方的利益＋举证**。具体说明如下：

1. 微笑且有礼貌地向对方问好，仪表举止大方得体，让他人感受到你的友好和善。

2. 介绍公司或自己的独特之处，内容尽量简洁风趣，直接体现产品或我们个人能带给客户的利益和价值。

3. 举证说明。信任是商务交易的基础和前提，所以我们的自我介绍一定要能获得客户的信任。俗话说："耳听为虚，眼见为实。"我们直接举证有利于信任的缔结。

比如说："您好，我是上海长征公司的销售张三，今年我们公司研发了一款新产品，采用新型水力模型设计，和传统产品相比节能 20%，所以专程来拜访您，给您汇报一下……对了，你们行业第一的宝钢集团在热连轧工艺里就用了我们这个产品。"说完，可以把我们准备好的产品说明书从电脑包里掏出来，给客户翻阅。

准备自我介绍时，要注意以下五大要点：

第一，介绍要看时机，根据具体的时间、地点、场合而定。一般而言，对方比较专注的时候，没有外人在场的时候，周围环境很安静的时候，或者较为正式的场合，这些都是介绍自己的好时机。有预约的拜访，肯定是双方见面之初就要做介绍，但要是大家都在聚精会神地开会或听报告，这种场合顶多点下头、打个招呼就结束了。如果我们不分场合介绍自己就会影响会场秩序。

第二，介绍的顺序。标准化的顺序，是位低者先行，即地位低的人先做介绍。另外，主人和客人，主人先做介绍；长辈和晚辈，晚辈先做介绍；男士和女士，男士先做介绍；等等。若是你比对方地位高的话，也可先做自我介绍，没必要硬等人家介绍后自己再介绍，避免尴尬。

第三，自我介绍时最好有辅助工具和辅助人员。辅助工具就是名片，名片是社交的介绍信，是社交的联谊卡，是现代人社交必备之物。因此，当你和外人打交道需要做自我介绍时，特别是郑重地做自我介绍时，应该养成把自己的名片先递给对方的习惯。道理很简单，你的真实姓名、所在单位、职位头衔等，名片上都印得一清二楚。有时候，你的头衔、单位当然不好意思自己亲口见人就说。此外，自我介绍时，如果有可能，最好有辅助人员，帮你介绍，这样就可以收到事半功倍之效。

第四，控制自我介绍的时间长度。一般情况下，自我介绍的时间应该控制在 30 秒到 1 分钟。

第五，自我介绍内容的组织。商务交往中，自我介绍主要包括以下四个基本要素：单位、部门、职位、姓名。自我介绍时应将这四个要素一气呵成，还要注意一点，做自我介绍时，对单位、部门等第一次要用全称，第二次才可改用简称。

以上是如何介绍自己，接下来我们再谈谈如何为他人做介绍，专业讲法又叫作"第三方介绍"。为他人做介绍时，要注意以下两大要点：

第一，谁当介绍人。在一般公务活动中，介绍人主要有三类人员：一是专业人士，比如机关、企业的办公室主任、领导秘书、公关人员等；二是对口人员，比如张三到某单位找李四，李四就是对口人员，有义务向张三介绍其他相关人员；三是本单位地位、身份最高者，这是一种特殊情况，来了贵宾的话，一般应该由东道主一方职位最高者出面介绍，礼仪上叫规格对等。

举一个例子：假设我是销售总监，到下属的销售三部去找三部部长谈点儿事情。到三部部长办公室，发现他办公室正好有不认识的客人在，那么问题来了，作为三部部长，这个时候他应该不应该把客人介绍给我，或者把我介绍给客人呢？

毫无疑问，因为我的地位比较高，三部部长应该主动把客人介绍给我。如果我的地位比三部部长低，他就没必要把客人介绍给我。你看职场是不是很有趣，它是看身份做事。

第二，要注意介绍的顺序。 介绍通常分七种情况：长辈和晚辈，一般先把晚辈介绍给长辈；上级和下级，先把下级介绍给上级；主人和客人，先把主人介绍给客人；职位低的和职位高的，一般先把职位低的介绍给职位高的，这个最容易出错；女士和男士，先把男士介绍给女士；已婚者和未婚者，先把未婚者介绍给已婚者；与会先来的和后来的，先把后来的介绍给先来的。

如果先介绍方不止一人而是多人，则根据地位由高向低逐一做介绍。

上面所讲的一些介绍的礼仪一般是在商务场合或较为正式的场合应用的，如果是一般的非正式场合，便不必过于拘泥。如果大家都是年轻人，可以用自然、轻松的方式进行介绍，介绍人甚至可以说"这位是张三，这位是李四"。但不管采取什么介绍形式，如果能点出被介绍人的优点或特色，无疑会令被介绍的人很高兴，比如我们可以这样介绍："这位是张三，别看他其貌不扬，但他可是我们市里的高考状元，我最佩服的人；这位是李四，他可是富二代哟，有没结婚的女生一定要看过来啊！"

小伙伴们，工作上吃饭会友、开会调研、拜访客户，总免不了认识一些陌生面孔，当你需要认识别人或需要别人认识你的时候，你就需要进行介绍。但怎么介绍自己？谁来帮我介绍？先介绍谁，后介绍谁？什么时机介绍更恰当？这些既是一种工作生活中必需的常识，也是反映出我们个人素质的礼仪，更是我们为人处世的基本素养。期待通过阅读这部分内容，你能真正地掌握它。

微信礼仪：
如何用好弱关系，增强彼此联系

销售人员小张问客户："李工，我们加个微信吧，这样也方便我们工作上的交流。你有需要，我也能第一时间为你服务。"

客户说："不用不用，我们公司规定不允许给微信，有需要的时候，我给你打电话。"

说完客户就不再搭理小张。

微信是我们生活和工作中最常用的通信工具之一，很多时候，我们销售人员和客户的沟通交流只能通过网络进行，而网络上个人间的沟通，又以微信沟通最为方便和常见，很多销售人员为了适应新的经济环境，也在尝试用微信销售的形式，与客户建立初步的情感联系，及时沟通，推进销售进度。当然了，由于微信属于个人隐私，想要到客户的微信也不是一件容易的事情，上面的案例里小张没有要到客户李工的微信，原因是小张没有表现出自己能帮助客户，对客户有价值，没有给客户一个一定要把微信给小张的理由，所以客户李工婉拒了小张要微信的请求。

一般而言，要客户的微信，一定要让客户有一个必须给你微信的理由，这个理由可以从以下三点去寻找：

第一，销售人员能给客户带去利益。 客户在趋利的人性下，自然愿意给我们微信，意图未来合作获得利益。比如我知道有个化工厂的客户需要大量煤炭作为原材料，当我去拜访某个煤矿客户时，我把这家化工厂需要大量煤炭的信息告诉煤矿负责经营的副矿长或其他对接的工作人员，因为我能为他们介绍大客户，所以我对他们而言自然就有价值，他们就乐意把微信告诉我。

第二，能帮助客户解决麻烦。 我因为工作，认识几个做投融资的朋友，而我拜访的一家安防行业的客户，恰好因为公司发展需求，也想找融资机构介入，计划借助资金推动企业上市，了解到客户想找一家投融资机构融资的信息，我马上告诉客户我有几个融资界的朋友，客户立即要加我的微信，让我在微信上把做投融资的朋友推送给他。你看，你能解决客户的问题，客户会主动加你微信。因为客户也有烦恼，他也要解决他的烦恼，所以为了解决他的烦恼，主动给你微信根本不是个事！

第三，和客户有共同爱好。 想打麻将的人在三缺一的时候，特别喜欢会打麻将的人，两个钓鱼的人凑在一起也会聊得愉快。实际上，如果销售人员找到了与潜在客户的共同点，他们就会喜欢你、信任你，并且购买你的产品。大量的事实证明，人们更愿意与容易相处的人做生意，尤其是与客户初次见面，我们以共同爱好为切入点，要来微信，更有助于私下的快捷沟通。我在计划拜访一家房地产公司的董事长时，从朋友那里知道这个董事长每周六会去踢足球，于是我就在拜访董事长的时候，故意聊到我一般周六周日都固定去某某大学踢球等，董事长虽然没有表现出对踢足球话题的关注，但是我在会谈完毕要他微信的时候，他直接就让我加了他的微信。当董事长那么爽快地把微信给我的时候，我也清楚，这里面一定有我谈到爱踢足球的原因。

现在，我们能用利益法、解决麻烦法、共同爱好法这三个方法要到对方的微信，那么，怎么通过微信沟通，把刚刚认识的弱关系发展成能合作的强关系呢？你只要做好下面三点即可：

1. 注意微信礼仪。

2. 打造微信的个人形象人设。

3. 经常互动，通过曝光效应赢得对方的好感。

我们先说一下微信礼仪，微信现在已经成为我们生活中甚至工作中的重要沟通工具。使用微信交流，会聊天、懂礼仪也成为小伙伴们需要掌握的基本技能和素养。现在我们就来聊聊微信交往中需要注意的一些基本社交礼仪。

第一，把握沟通方式。

能发文字不发语音。文字一目了然，节省时间，我个人很少去听语音的。尤其很多人一次性发很多语音，我基本不听。和人沟通时一定要考虑对方的处境，方便他人。比如对方正在办公室工作或和客户会谈，你发语音，对方怎么听？

慎用视频电话突袭。如果必须拨打对方的语音或视频电话，应先征得对方同意。

把握沟通交流的尺度。与领导、同事沟通的尺度，与熟悉人、陌生人沟通的尺度都需要格外注意。

第二，注意沟通时间。

及时回复他人信息。"己所不欲，勿施于人"，我们都希望发出去的消息可以得到反馈，同样地，及时回复他人信息，也是职场中最重要的礼仪之一。

慎在私人时间打扰。早 8 点前、晚 10 点后属于对方的私人时间，若无紧急事项尽量不要打扰对方。如果实在需要进行沟通，一定要先致歉。

第三，注意沟通内容。

内容精练，不要长篇大论。职场上的微信沟通也应注意排版，将沟通内容简明扼要、条理清晰地传达给对方，同时如需对方反馈信息，应注明反馈时间及内容，方便对方了解。

明确目的，降低沟通成本。发信息前要明确自己的目的，比如发通知，结尾可以加上"收到请回复"；发请示，结尾可以加上"请领导批示"；发提醒，就是让对方了解一下，并不需要回复；等等。

对方导向，不要思想固化。职场中微信沟通要便利对方，思虑周全，不要思想固化。比如领导在外出差询问在哪里开会，此时回复领导应全面考虑，比如发送位置定位，文字注明时间、地点、接待人联系方式等，以对方为导向，考虑周到。

微信沟通最忌讳的就是发"嗯""哦""啊"这一类的语气词，这类语气词没有实际内容，显得很敷衍，对方自然不喜欢，也就达不到加强关系的效果。

俗话说："强扭的瓜不甜，强摘的花不香。"工作商务上的交往，要么双方门当户对，要么彼此都有想要的资源，否则双方很难达成交流和合作。所以，我们想加强与客户的关系，还必须在微信上塑造自己的形象，形成和客户门当户对，能提供给客户想要的资源的感觉。

当你的权利受到侵犯，需要律师给你提供专业意见的时候，不管你平时喜欢不喜欢律师，如果你的朋友圈中有律师的话，你一定要放低自己的姿态，真诚地向对方说明你的权利被侵犯的具体情况，让对方站在专业的角度帮你出谋划策。所以，为了未来某种合作的机会，你需要未雨绸缪，提前在你的微信朋友圈塑造你在某方面的专业形象，打造好你微信中的专家人设，这样对方在真的有这方面需求的时候，正常情况下都会主动找你进行相关咨询。

打造专家人设很简单。多发与本专业相关的重大信息，就能传递出你的行业信息。最少每两周，你要发一个感恩信息，说你帮客户解决了什么问题，签订了一笔多有意义的合同，感恩客户的信任。这样的信息发出，看到的人就知道你在做什么，而且做得还比较成功。

经常发一些公司的新闻，让受众看到公司的新闻，了解你的产品和公司的实力，这样一旦有需求，客户就能想起你，想起你是做这行的，而且还很专业，所以一般都会找你咨询。

也有小伙伴可能会想："如果靠客户主动联系我谈需求，那商机太少了，想要更多的商机出现，我们必须主动去找客户交流，而不是等客户送上门找我们交流。"这个看法我也赞同，所以通过微信这个弱关系，把客户关系提升为强关系的第三步是：经常主动通过微信与客户互动，通过曝光效应强制赢得对方的好感。

曝光效应又叫多看效应，20世纪60年代，美国社会心理学家扎伊翁茨进行了一系列心理实验，证明只要让被试者多次看到不熟悉的人，他们对该人的评价就高于被试者没有看到过的其他人。

简单地说，没有任何理由，你只要看到对方的次数够多，就一定会对对方有好感。这个曝光效应也验证了中国的一个传统观点，即人与人之间的关系是一回生二回熟，见面三次是朋友。

所以，你想通过微信这个弱关系，把客户关系提升为强关系，就要利用曝光效应多和对方在微信上交流，比如你加了客户的采购员的微信之后，设计一些多和他交流的套路，你可以没事就向他请教问题，每次回答你一个重要的问题，你就给对方发个红包，表达感谢。如此一来二往，因为对方回答你请教的问题，能满足他被认可的精神需要和得到红包的利益需求，如此双管齐下，对方就深深地把你记住，你问的问题他也倾力回答。这样交流几次，你们的关系就是朋友的强关系了，也为以后的合作奠定了坚实的基础。

我们都想成为别人的朋友或领导的亲信，这从技巧上来说并不难。什么叫"亲信"？亲着亲着就信了。所以，你一定要主动亲近对方，与对方交流。每一个人都喜欢喜欢自己的人，如果你持续向对方输出你的真诚，有技巧地接近他，那么根据曝光效应，你也一定能获得对方的好感。

即使是微信好友这样的弱关系，如果我们注意自己的微信礼仪、打造微信人设，并且利用曝光效应有计划地和客户主动互动，那么 3 ～ 5 次之后，你和客户的关系就会从弱到强，前提是不要总发给对方一些无意义的图片、新闻等信息，这是对对方的骚扰，是削弱关系，而不是加强。

电话礼仪：
如何靠声音赢取信任

在商务接待中，有一个特别小的细节，可能很多人都没有注意，却常常会因为它犯错，那就是接打电话。

我的第一份工作就因为不懂接电话的礼仪而犯了错。当时我在上海某某水泵公司做业务员，所有销售人员都外出了，由于我是第一天上班，公司领导安排我在办公室学习，看公司的产品资料。在这期间，办公室的电话响了，我看办公室除了我没有其他人，就自作主张去接了电话。按照我以前在农村的习惯，拿起电话，我自然地说："喂，你找谁啊？"

电话那头愣了一下，说找 ×××，我说他不在，出去了。说完我就挂掉了这个电话。过了差不多 10 分钟，老板喊我到他办公室。一进办公室门，他就说："刚才那个找 ××× 的电话是不是你接的？"我说是。

老板说："你是一个销售，不知道接电话的规矩吗？"我说："接电话有什么规矩？"

老板说："我们是一家正规公司，接电话也要规范化，给打电话的人留下一个好印象。接电话的时候，不能说'喂，你找谁'，而是一定要在电话铃响起 3 声之内接起电话，第一句话要说'你好，这里是某某公司'，然后停顿，等对方说话。"

这是我在职场中的第一堂课：接电话也有规范，良好且规范的接电话礼仪，能体现一家公司的专业度和可信度。我们不能凭自己的习惯去接打电话，不能想怎么说就怎么说，而是要展现自己的专业水平，凸显自己的素质。那一次之后，我专门请教了公司的礼仪顾问，也跟从业多年的老同事学习了经验，大概知道了关于接打电话的所有礼仪。

毫无疑问，电话已经成为与我们日常工作密不可分的沟通工具，电话交谈是一种特殊的交谈方式，它不像人们面对面交谈那样可以留下直观的印象，但它可以突破地域空间的限制，通过电话里传来的声音、语调、语言等信息让人做出某种想象，而这种想象又常常成为双方今后交往的基础和信任的萌芽。所以，作为一种只闻其声不见其人的人际沟通形式，电话是可以塑造形象的。

通过电话交谈使人感受到的打电话者的形象叫作"电话形象"，这个形象主要是靠打电话者的声音和电话礼仪来塑造的。打电话者应通过电话让接电话者感受到你的亲切、热情、礼貌，赢得信任，从而对你个人或公司产生好的印象。电话形象由电话交谈中的语言、语调、态度、表情、举止、时间感等方面构成，其中，主要因素为交谈时的语言和语调。

首先，**说话吐字要准确**。通话时如果打电话者吐字不清，含含糊糊，就难以让对方听清听懂。其次，**语调以低沉为主**。打电话者语调过高会令对方鼓膜欲裂，给对方不安全感；但语调太低，听起来又很吃力、含糊不清，所以最佳的语调是声音低沉有力，但吐字清晰。再次，**语速要缓慢**。通话时打电话者讲话的速度应适当放慢，不然对方就会听不清楚，并且给对方一种打电话者很紧张、很在意的感觉，这都是不好的。最后，**语句简短**。通电话时打电话者所使用的语句务必精练简短，不仅可以节省对方的时间，而且会提高声音的清晰度。

人们当面交谈时，即使声音不够悦耳、言辞不够典雅，也可以通过表情或动作弥补，电话则是只闻其声不见其影，所有的印象都只能靠语言、声音来判断。所以，电话交流一定要注意态度友善，语气温和，讲究礼貌。

销售人员掌握使用电话的基本技巧和礼仪，对于维护自身的电话形象是非常重要的。想要通过电话中声音传达信息赢得客户信任，我们可以把通电话的行为分解为"打电话、接电话、通话中、挂电话"这四步，靠规范的电话礼仪和悦耳的声音，传递出我们对对方真诚热情的态度和专业素养，以此给对方留下一个好印象，建立信任基础，为未来达成合作打下基础。

首先，是如何打电话。销售人员给客户打电话是一个与客户沟通的重要环节，在打电话给客户之前，要先拿出一张白纸、一支笔，然后在白纸上写下以下三个问题：

1. 我打这个电话的目的是什么？

2. 我要和对方沟通什么事情，想要什么结果？

3. 对方可能会是什么态度，可能会有什么异议，我该如何应对？

我们把上面三个问题清晰地写在白纸上，对方可能的反应和态度，以及我们应对的方法也都想好写出来，然后我们就可以选择一个适合的时机打电话了。

比如沟通工作的电话最好在周一上午 10 点后和周五下午距离下班两个小时以前，为什么呢？因为周五对方可能会提前下班，周一大多数公司会开晨会，员工办公时间会推迟，很有可能还会被领导批评，导致心情受到影响，那么对方的沟通态度可能也会不好。我们作为打电话过去的人，应考虑到这个情况要如何应对。

其次，是如何接电话。我们销售人员是客户了解企业的窗口，无论语言还是行动，都代表着企业的形象，所以我们在接电话和打电话前都应做好通话准备，对接下来发生的事情要有个基本的预测。

第一，要有"对方能看见我"的心态，在接电话和打电话的时候，一定要面带微笑，以愉悦的心情去接打电话。

销售界常说，微笑是会传染的。各位小伙伴也可以做个试验，你走在大街上对着他人友善地点头微笑，看看别人是因为被打扰到了而生气，还是也点头向你微笑。境由心造，你对世界微笑，世界也会对你微笑。由于面部表情会影响声音的变化，所以即使在打电话时，也要抱着"对方能看见我"的心态去应对，面带微笑，保持友善愉悦的心情。即使通话时对方看不见我们，也会从我们的语气中感受到我们的快乐和友善，从而对我们产生好印象。

第二，要有"我代表公司形象"的意识。

当我们打电话给某单位，若一接通，就能听到对方亲切、优美的打招呼声，心里一定会很愉快，双方对话就能顺利展开，对该单位产生较好的印象。我们在电话中只要稍微注意一下自己的行为就会给对方留下完全不同的印象。比如，同样说"你好，这里是某某公司"，但声音更清脆悦耳、吐字更清晰，就能给对方留下更好的印象，对方对我们所在的单位也会有好印象。因此要记住，接电话时，应有"我代表公司形象"的意识。

再次，要学会配合别人的谈话。在接电话时，我们要尽量使用礼貌用语，如"您好""请""谢谢""麻烦您"等，更重要的是，要注意与对方的互动，学会配合别人谈话，除了认真听对方说话，还要不断地说"是，是的""好，好的"等，既表示对方说的信息自己接收并理解了，也是在给予对方积极的回应。在这个过程中，我们要尽可能恭敬地站立，保持充沛的精气神与对方通话，绝对不能吸烟、喝茶、吃零食，因为你的"懒散"，对方是能听出来的。

另外，我们在通电话的时候要注意一些规范。

1. 迅速准确地接听。

电话铃响两遍就要接，不要拖时间。拿起话筒第一句话先说"您好"。如果电话铃响过四遍后，我们拿起听筒应向对方说"对不起，让您久等了"，这是一种礼貌，可消除对方久等的不快情绪。如果我们接起电话只说"喂"，会让对方感觉我们很失礼，从而留下不好的印象。

2. 了解来电话的目的。

上班时间打来的电话几乎都与工作有关，公司的每个电话都十分重要，不可敷衍，即使对方要找的人不在，也切忌只说"不在"就把电话挂了，要尽可能问清事由，避免误事。如果我们无法处理，也要认真记录下来，既可不误事也能赢得对方的好感。

3. 认真清楚地记录。

电话记录想要既整洁又完备，要随时牢记"5W1H"技巧。所谓5W1H，是指 when（何时）、who（何人）、where（何地）、what（何事）、why（为什么）、how（如何进行）。在工作中这些资料信息都是十分重要的，因此电话记录的重要性不言而喻。

有发生就有结束，无论我们通话多久，都有挂电话的时候，如何挂电话也非常重要。

最后，我们聊聊挂电话的规范和方法。通电话时，一般应当由打电话的一方提出结束交谈，然后彼此客气地道别，说一声"再见"，再挂电话。千万不可以只管自己讲完就挂断电话，最好是等别人先挂断电话。

我以前在西门子，有个领导，他在挂电话的时候就非常体贴。他从来不主动挂掉对方的电话，无论对方的职位是高是低，他总是等对方先挂断电话。就是靠这一个小细节，他赢得了我们所有和他通过电话的销售人员的赞赏，那么高职位的人，为人仍那么谦逊，总是等对方先挂电话。这就是充分尊重对方啊！对方怎么能不感激呢！

小伙伴们，一个小小的细节就能让别人感觉被尊重，一个语音通话就能获取别人的信任。赢得人心，关键在于你有没有做事的涵养。细节之处最见人品，细节之处也最得人心。你学会了吗？

交谈礼仪：把握说话技巧，让每个人都愿意和你聊天

你希望客户信任你，喜欢有事没事来找你聊天吗？

怎样和客户交谈能产生一见如故、惺惺相惜的感觉，相信是每一个从事销售工作的小伙伴都渴望掌握的技能，我们有没有可能通过学习掌握这个交谈的技能呢？

答案是：有。你只需要记住两个理论："乔哈里视窗"和"三态四不"。

"乔哈里视窗"是沟通学上著名的交谈技巧，是由约瑟夫和哈里在20世纪50年代提出的，视窗理论把人的内心世界比作一扇窗户，这扇窗户被分成了四个区域：开放区、盲目区、隐秘区、未知区。

开放区，是自己和别人都知道的信息。比如你的姓名、性别、家庭出身情况、学历等。

盲目区，是自己不知道，别人却知道的信息。比如同事私下对你做某件事的议论，别人对你的感受，等等。

隐秘区，是自己知道，别人却不知道的信息。比如你的初恋、一件尴尬的傻事等。有些事，我们会把它埋藏在心底，即便一个再真诚的人，

也会有隐秘区。

未知区，是自己和别人都不知道的信息。比如我做销售很多年，几乎没有写过像样的文章，大家都知道我是销售，不是写文章的人，但偶然一次机会我在天涯社区写了一篇文章，受到网友的鼓励，就继续写了下去，没想到在天涯社区写的文章还出版成书了。于是我的朋友们都对我刮目相看，觉得我不仅能做销售，而且还能写文章。你看，我写作的潜能就这样被挖掘出来了。

我们知道了人的内心世界分为四个区域，那么，思考一下：我们在盲目区能很好地与客户沟通吗？

别人知道但我们自己不知道，这样的沟通很难进行下去，比如客户去过美国，我没去过，所以客户和我谈美国方面的话题，我能说什么？说得越多越暴露我的无知，所以我们在信息盲区，是没有办法顺利地和客户沟通的。

我们再想想，能不能在隐秘区和客户很好地沟通呢？隐秘区是我知道但别人不知道，显然，我们在客户不知道的信息区域进行交流也不能很好地沟通。

那么，在未知区能不能很好地沟通呢？未知区是你不知道别人也不知道的信息，两个什么都不知道的人彼此交流都是在对牛弹琴，当然是无法继续沟通的。

既然，盲目区、隐秘区、未知区都不是好的沟通区域，那么真正有效的沟通只能在开放区内进行了。共同的开放区越大，说明沟通的双方越了解彼此，了解得越多沟通就越顺畅，越容易达成共识，形成信任关系。也就是说在心理开放区域内多说、多问不仅是一种沟通技巧，同时也是能赢得别人信任的手段。

2017 年，因为工作原因，我去拜访深圳某大学医学院的副院长，初次见面，我要怎么和副院长交谈，谈什么内容呢？

到了我和副院长约定的拜访时间，我带了一把在宜兴请工匠定做的紫砂壶，这把紫砂壶上特意写了"桃李满天下，倪建伟敬赠"。当我把紫砂壶送给副院长时，副院长很高兴，能通过言传身教"桃李满天下"，是所有老师共同的追求，也就是公开的信息。副院长高兴，我们交谈的气氛就活跃了。在交谈过程中，我告诉副院长我在武汉工作了十七八年，因工作原因亲眼看到了武汉大学、华中理工大学（现为华中科技大学）、华中师范大学、中南财经大学（现为中南财经政法大学）等名校的变化。副院长听我说起武汉大学，也来了兴致，说自己曾经在某一年去武汉大学进修过呢。于是我们又一起聊了武汉大学的樱花，聊着聊着，一种信任就自然而然地产生了。这时候，就不是工作关系中的两个人，而是两个朋友一起回忆自己的青春，一瞬间，他乡遇故知的感觉就有了。于是，我能明显感觉到，自己和副院长的关系更加亲近，他也把我当作一个可以聊天的朋友了。

交谈的技巧除了在心理开放区域多说、多问、多了解彼此，找共同点寻求共鸣之外，还要记住交谈的礼仪。交谈的内容再有共鸣，如果交谈时的礼仪不合适，也会让对方心里不舒服，甚至产生反感，这就得不偿失了。比如我们和客户采购处的张处长在交谈的时候，发现对方的年龄比我们小，而这个时候我们和张处长相谈甚欢，就慢慢放松了下来，甚至有电话来了直接接起来说个不停，让张处长等了三五分钟。小伙伴们，你们说张处长会舒服吗？会觉得无所谓吗？大概率张处长会认为我们"前恭后倨"，是没有修养、上不了台面的庸人，不值得深度交往。

那么和客户进行商务交谈时，我们销售人员要遵循哪些礼仪呢？

商务交谈，特别是去拜访客户的时候，一定要注意"三态四不"的聊天交谈礼仪。其中"三态"是指：心态、状态、姿态。

交谈时，你抱着什么心态至关重要，因为**心态是一个人的心情、精神，以及由心而发的个人行为的外在综合表现**。与人交谈，如果你抱着一个随便谈谈的心态："反正听说对方是一个难相处的人，估计我和他也很难聊得来，随便谈谈就好。"那么你的散漫、随意、不重视的想法也必然会表现在你的言行中。对方不是木头人，他是能感受到你的心态的，你无所谓地对待他，他也无所谓地对待你，于是，还没开始交谈，可能由于你心态不正就已经埋下了失败的种子。

只有心态，没有状态，肯定也是不行的。如果两个人交谈，你老是打哈欠、看手表，一副无精打采、精力不济的样子，你说，这样的状态，对方可能会认认真真地和你交谈吗？**状态是一个人的状貌特征与动作情态的综合体现**。与人交谈，好的状态应该是精力充沛、神采奕奕，这样别人和你交谈时才会觉得棋逢对手、将遇良才。若你一副病恹恹、心不在焉的样子，没有人喜欢和你交谈。所以，商务交谈时保持一个好的状态是对对方必要的尊重，也是交谈成功的一个重要条件。

有时候，你的心态很正，状态也很完美，但是交谈的姿态有些高高在上的话，也会给对方留下被轻视的不爽感觉，影响交谈效果。**姿态是指一个人对外展示出来的姿势、风格、气质等。**作为公司对外联系工作的销售人员，身负为公司开拓市场、建立客户忠诚度的责任和重担，我们销售人员对待工作、对待客户要有一种崇敬、敬重、付出的态度。工作是神圣可敬的，和客户进行交谈是我们销售工作中的一项重要内容，把商务谈好、谈妥、谈到客户满意，是我们销售人员的工作责任，我们不能用吊儿郎当的态度对待，要身体力行，把好的姿态呈现给外界和客户，切不可以一副高高在上的姿态和人交谈。你不尊重别人，别人也不会尊重你，你想要面子最后反而没有了面子。

和客户交谈的商务礼仪，除了具备正面积极的心态、精力充沛的状态、和蔼可亲的姿态的"三态"，我们还要记住"四不"礼仪。

第一"不"，指不要在对方办公室停留太长的时间。

销售人员拜访客户时，尤其是初次拜访，时间应该控制在 10 ～ 30 分钟，最长也不应该超过 1 小时。重要的商务拜访，双方会提前确定拜访的时间以及时长，在这种情况下，就务必要严守时间约定了，绝不能单方面地延长或者推迟拜访的时间。

当拜访者提出告辞时，即使被访者表示挽留，拜访者仍要决意离开。

第二"不"，指不要长篇大论，注意交谈礼仪，控制交谈内容简洁。

商务交谈的内容应该清晰、简短、明了。初次和客户见面时，我们可直接将此次拜访的目的向对方简要说明，在交谈时始终保持对客户的尊称并多说一些礼貌用语，比如"谢谢""您""请""感激""感恩"等，并瞅准时机在客户面前展现自己的价值，吸引客户的关注，在最短的时间内，抓住对方的心理，投其所好，就对方喜欢的话题进行交谈。

第三"不"，指不要得意忘形，要懂得尊卑有序。

交谈中我们要认真倾听对方讲话，并注意对方言行、情绪的变化，适时而恰当地应对，不要因为谈得比较投机就得意忘形，说一些不该说的话。我们和客户交谈得再好，嘴上也要有个把门的，多说一些善意的、诚恳的、赞许的、礼貌的、谦让的话。那些指责的、虚伪的、贬斥的、无礼的、强迫的话万万不可说，因为这样的话可能会引起冲突，破坏关系，伤及感情。有些话虽然出于好意，但措辞不当，讲话方式不妥，好话也可能导致坏结果。所以交谈时，我们必须对说的话仔细考虑，掌握说话的分寸，才能获得好的效果。

第四"不"，指不要用争辩和补充说明等形式打断对方的话。

每个人在说话的时候，都希望自己能完整地表达自己的观点和想法，如果自己正说到兴头上，被别人打断，不让你继续说下去，你会感到如鲠在喉，心里一定很不舒服，有时候甚至会产生误会。遇到性子急的，可能会憋一肚子火，跟对方翻脸。

但有时会遇到一些特殊情况，必须打断别人的谈话，这时候，可以运用一些小技巧，比如你可以通过一些小动作来暗示对方，然后说"非常对不起，能不能打断你一下"，先征求对方的意见，然后用最简洁的话，说明自己想要表达的意思。

　　没有人愿意自己在说话的时候被别人打断，要想别人尊重你，就不要随意打断别人说话，不要随时插入一些无意义的评论去打乱别人的思路，不要抢着替别人说话，这不仅仅是一种交谈礼仪，更是你的素质的体现。

　　综上，交谈是我们每个销售人员都会遇到并且每天都在做的事情，要想在交谈过程中抓住对方的心，让对方喜欢和我们交流，就要记住"乔哈里视窗"理论，在开放区和对方交流。我们和对方交流的时候，一定要"三态"积极，遵循"四不"的礼仪原则，创造一个气氛融洽的交谈空间，为赢得对方的喜欢打下基础。

第 3 章

礼物社交：
识人性，方可得人心

修炼洞察人心的能力，
成为小礼物社交的高手

无论是在线下培训还是线上答疑实操课，我被问得最多的问题，就是如何送礼。

第一次去见客户，要不要带礼物？

经常拜访客户，需不需要带一些小礼物？

节假日应该给客户送什么礼？

如何给领导送礼，才能搞好关系？

日常关系维护，要送什么礼？

中国是礼仪之邦，我们都知道，人情社会最讲究情感链接，而最有效、最直接地促进人与人之间关系的方法，就是送礼。

熟悉我的朋友都知道，我在深圳开了一家公司。当初去深圳创业前，我非常犹豫，因为之前我的工作区域以上海、武汉为主，广州、深圳去得比较少，工作也没什么交集，突然来这里创业，会有前途吗？能拿到投资吗？这样左右摇摆的时候，我很需要有一个懂行之人，给我指点迷津。

当时有一个知识付费平台，可以按小时支付咨询费约见行业领袖或者"大咖"，我就在上面付了费，找了一个专业的投资顾问。

他是深圳某著名投资机构的副董事长，见面时要准备什么，我开始动了心思。一般人会觉得，我已经付费了，没必要再额外准备其他的，但是我想，对方是投资公司的副董事长，他的时间价值远远不止一小时几百元，他之所以会选择在知识付费平台以比较低的价格接受咨询，可能是因为想随时留意行业第一线的动态，不脱离行业发展轨迹。另外，遇到好的项目，他也可以提前知道，便于布局。所以我很用心地给对方准备了一份伴手礼，我亲自去宜兴托朋友找了一位紫砂壶工艺师，专门定做了一把紫砂壶，上面镌刻着副董事长的名字。

当我按约定时间去咨询的时候，副董事长见我特意送了一把刻有他名字的紫砂壶给他，非常高兴。据他所说，请他咨询的人很多，但能格外用心准备礼物的人，只有我一个。后来我们成了很好的朋友，他在我公司发展的过程中，给了我很多建议，还主动给我的公司投了 200 万元。

所以在商务活动中，我们还是要做一个有心的人，因为有时候你的一个有心之举，一份小小的礼物，就能帮助你结识更多的贵人，获得更多的机会。

创业之前，在我做销售的 20 余年里，我从一个销售菜鸟，一路到在多家"世界 500 强"企业担任销售经理、销售总监、销售总经理，中间拜访过上万名客户，签过无数大单，如果总结自己的成功经验，我会告诉所有的销售人员：要学会"搞定人"。

"搞定人"的策略并不难，学会用礼物社交就是一个入门级的技巧，但也是普通人很难把握的技巧。很多人把"礼物社交"理解成非常简单的花钱买东西、送东西，所以总想花大价钱买贵东西，用钱一下子砸开对方的心门，但这往往不符合现代社会的商业逻辑。因为这种行为，只会触犯法律法规，给自己和他人都惹上麻烦。

所以，在进行礼物社交时，我们要明白，送礼不是一种贿赂，不是上来就用钱砸，不是一定要送特别昂贵的东西，它更像是一种特殊的表达方式，是一种高情商社交。通过送小礼物的方式，让对方明白他在你心目中是特别的，让对方觉得你心里有他。送礼想要送得好，需要花很多心思、搞很多创意，要善于观察，弄清楚对方喜欢什么，什么是他的隐性需求。只有明白他人、共情他人，我们才能成为真正的送礼高手。

掌握选礼八术，花小钱也能送到对方心坎

在上一篇，我们讲过，送礼的尺度要以法律规定和公司制度为红线，不能为了送礼而送礼，更不能触犯法律红线。在职场或商务场合中，我们不能送太贵重的礼物，以免变成商业贿赂。可能你会说，如果不送贵重的礼物，有些事办不成怎么办？在这里色哥要强调，咱们是在学习如何通过小礼物社交，在商务场合增进与他人的感情，而不是要你贿赂，小伙伴们一定要明白自己在做什么。

我们都知道，很多单位有明文规定，或者划定了收礼范围，一定不能超过几百元，可能每个单位具体的数额不同，但不管是多少，都说明我们可以选择礼品的预算空间非常小，那要怎么花小钱选对礼，送出心意，还能够让对方喜欢呢？

要记住，好的送礼方式要遵守这四点：功夫在平时，高频次，价值适中，以分享的形式送出去。好的选礼标准要遵守另外四点：有创意，有共情，低价高配，能二次社交。我把这些统称为"选礼八术"。具体是什么意思呢？

首先，**功夫在平时**。这个不难理解，如果你平时既不跟领导打招呼，又不跟领导互动，遇到事了，拿着价值成千上万甚至更贵重的东西去找领导。一方面你这不是送礼，而是行贿；另一方面，领导跟你都不熟悉，他敢收你的礼吗？送礼，不是为了达到目的而进行的一次交易，它是情感的维系，是让对方明白你的"心意"的方式。想要让对方感觉到你对他的重视，就要平时多维系、多走动。见客户时，像咖啡、奶茶这样小的随手礼，可以顺手带一些；出差回来带个小礼物或者从老家备一些土特产，找个理由送给领导，东西不贵，但会给对方一种"我时刻记着你"的感觉。

高频次也是一样的，当你总出现在一个人面前的时候，即使他不认识你，也会有一种莫名的熟悉感。大家都知道我经常出去培训，每年培训的学员没有上千也有大几百，很多年累积下来，其实我是很难记住一些学生的，但是有一个学员，每隔一段时间就会给我寄一箱水果。一箱水果不是特别贵重，价值一两百元，也不会给收礼的人带来多大的心理压力，而且水果也不好再寄回去，一来没准儿路上就坏了，二来也显得特别不给对方面子，所以我也只能收下。他送的一般都是当季的水果，特别新鲜好吃，家里人都非常喜欢，经常跟我念叨这水果不错。而且很重要的是，他每隔一段时间就会寄一箱过来，半年多过去，我都不知道吃了他几次水果，也经常看到他的名字，所以就记住了这个人。有一次遇到了一个大单，一个朋友让我帮忙介绍靠谱的供货商，我立刻就想到了这个学员，并且帮他促成了这单生意。

那你可能要问，我没有那么多钱去经常送礼怎么办呢？所以就有了第三点**价值适中**和第四点**以分享的形式送出去**。什么是以分享的形式送出去呢？就是处理关系的时候，我们要把对方当成朋友来相处，不要一上来就把自己的位置摆得那么低，表示"我今天送你东西，是因为我刻意巴结你，你的地位在我之上，我以后要求着你"之类的。这个社会非常功利，当你把自己的位置放得比别人低的时候，只能换来别人的轻视，每个人都愿意去帮助值得帮助的人，所以即使送礼，面对的是客户或者领导，在平时的相处中，大家也都是平等的。比如我认识一个创业者，每年大闸蟹上市的时候，她都会买一两万元的螃蟹，自己家只吃不到十分之一，然后遇到生意伙伴送一些，遇到上下级单位送一些，每次她都会说："我吃这个了，特别好吃特别新鲜，里面的蟹黄特别足，给你带了一些，你也尝尝，记得吃啊。"还有一个女销售人员，她家是新疆的，每次都会弄一些新疆的特产，葡萄干、大枣之类的，说都是自己家那边产的，她觉得不错，带给客户、领导尝尝，东西也不贵，大家也就都欣然接受了。你会发现，这个销售人员的人缘特别好，工作中也常常有贵人帮忙。

　　了解了送礼的形式，那要如何选礼呢？我来接着讲讲选礼要遵守的四个原则。

　　有创意。要做到人无我有，人有我优，礼轻但有专属感，能让对方感受到你的用心。比如送一本书，封面上定制有对方的名字；定制漫画、手机壳，用对方的头像或者朋友圈里看到的比较代表他本人的照片，个人照、情侣照、家庭照都可以，制作也很方便，用不了多长时间。当然，你要做成马克杯、T恤或者笔记本也行，全部加起来也不超过 200 元，至少未来在他看到或者使用这些东西的时候，每次都能想到你。如果对方的孩子喜欢某个明星，也可以去弄一张明星的签名照片或周边产品，比如客户最喜欢的是乔丹，可以送一个镶裱好的能摆在桌子上的相框，里面放上乔丹的照片和金句等。

有共情。 能洞察别人的需求，并且满足别人的需求。我有一个毕业后的第一年就做销售的学员，他经过培训上岗后，第一个月就签订了一份小合同，是他们那一批招聘的销售人员中唯一一位第一个月就出单的销售。原因很简单，他去拜访设计院的设计师时，留意到一位中年女设计师的桌子上有一张照片，照片上是个小女孩，估计是这位设计师的女儿，照片没有相框，夹在设计师的书里。看到这个场景，第二天，这位销售人员一大早就去商场花了 15 元买了一个小相框，然后又去拜访了那位设计师，把相框送给了设计师，让设计师把她女儿的照片放在相框里摆在桌子上。这件事情虽小，但是设计师很感动，觉得这个小伙子一个人出来工作也不容易，就把自己设计的一个项目介绍给了这位销售人员，而这位销售人员打着设计师推荐的旗号很容易就把合同签了。你看，一个贴心的礼物，是我正好想要，而你刚好给了我，于是你解决了我的问题，我自然对你就有了亏欠，而大多数人最不愿意的就是亏欠他人，一旦亏欠了别人就会找机会还的。所以，我们平时要学会共情，洞悉对方在某个点上存在需求，而我们恰好出现满足他的需求，那么各取所需，岂不乐哉。

低价高配。 什么是低价高配？就是送普通品类的好东西，而不是高级品类的差东西。很多短视频或者课程都会告诉你，送礼要投其所好，比如对方喜欢喝酒，就送他一瓶好酒；对方喜欢滑雪，就送他一套滑雪用具；等等。可是，试问一下，我们每个人是不是都很愿意为自己的喜好花时间、花钱？别人对自己喜欢的东西，一定研究得比你深、比你多，也许你精心挑选的礼物并不符合他的喜好。而且，喜欢酒的人，会花很多钱藏很多酒，你送得便宜，对方看不上，送得贵可能又超出了你的能力范围。同样，喜欢包的人，会费尽心思收集各种名牌包，可能都价格不菲，如果你想投其所好，就是在给自己挖坑。那要怎么办呢？我们可以在对方的喜好周边下手，比如对方喜欢酒，我们可以送他一套酒杯或者醒酒器，送他酒的人可能很多，但恰恰是喝酒用的一些小玩意儿没有人留意，不被人重视，送的人可能会很少；对方喜欢包，可以送一张品牌包的养护卡，或者可以挂在包上的高级小饰品等，既不贵又实用，还能经常出现在对方的应用场景当中，让对方经常想起你。

如果说，你不知道对方喜欢什么，也不知道怎么选周边，那就选平时看起来实用但性价比最差的东西。什么意思呢？比如你有 200 元的预算，与其去买一个特别实惠的果篮，不如买一双贵得离谱的袜子，并用特别精美的盒子包装起来。因为实惠的果篮常见，几百元的袜子对方很可能不舍得穿，会一直留着。如果你有 3000 元的预算，也最好不要买一条奢侈品品牌的丝巾，因为在奢侈品中，这个价格也许是很便宜的，对方收到了，也不一定看得上，不如请他在豪华酒店吃一顿奢侈的大餐，大餐带来的那种心满意足感，也许让他很久都忘不了，以后有机会还会跟身边的人说起来夸耀夸耀。

所以，低价高配的用意，在于给足对方面子，并且充分体现自己的用心。

能二次社交。什么是二次社交呢？就是可以让客户或者领导等收礼人拿出来跟别人"显摆"和"嘚瑟"的。我之前在某家"世界500强"企业当销售总经理的时候，下面有一个销售小同事，送了我一份没花一分钱却让我超级喜欢的礼物，而且这个礼物我当时还晒给了很多朋友看。

他在年终总结会之后，给了我一个笔记本，上面工工整整地记着我在那一年里跟他们分享的销售实战案例和打单赢单技巧，当时我还没有出来讲课，也没有成为一个畅销书作家，看到这份礼物的时候，特别有成就感，一来我没想到我居然在这一年当中跟大家分享了这么多的实战"干货"，二来我也没想到手下的人这么有心。如果那时候有朋友圈，我一定会拍照片晒出来，对于那位小同事，自然也是印象深刻，这就是一份好礼物的魔力。

在职场，其实我们想给上级送礼物，并且能送到他的心坎上是非常难的，一是一般公司制度都不允许下级给上级送礼，二是领导肯定比你赚得多，他不但消费水平比你高，还什么都不缺，你买的东西他未必看得上，而且你一旦专门花钱给他买礼物，会引起他的提防心理，他会比较警惕，怀疑你是不是有所求。所以想给领导送个礼并且送好礼真的很难，怎么办呢？那就送具有"二次社交"属性的礼物吧，这样的礼物一方面带给他特别强的成就感，另一方面很值得他炫耀，当别人看到的时候，会加深对他的认可，他自然会喜欢。

六个维度分析收礼人，
保证送得好又送得巧

我个人记忆深刻的一次收礼经历是 2018 年，我在深圳陪深圳市安全防范行业协会的领导去下属的会员工厂进行慰问，那个时候我恰好脚部的痛风犯了，走起路来不敢用力，但看起来不太明显。在工厂听完企业主的经营情况汇报之后，其他人要求去车间转转，我脚有点儿疼，就说："不好意思，痛风犯了，不能多走路，我在会议室等你们吧。"于是，协会慰问团其他人和企业主就去车间了，我则在会议室里看这家企业的资料。过了 10 分钟左右，会议室的门被打开了，这家企业老板的秘书走了进来，说："倪总你好，我们老板刚才听你说痛风发作了，下楼的时候安排我买了治疗痛风的药。你看，这个药你能不能服用？"

秘书说完，就把专门为我买的几盒痛风药递给我。说实在的，那一刻我被感动、被温暖了。人在脆弱的时候总是格外感恩意料之外的帮助，虽然痛风药也就 30 多元，但是，你被人记住，别人主动帮你，这是别人对你的认可和关怀，这些是无价的。

一次为你精心安排的生日晚餐，朋友带你去一个从来没有一起去过的地方，或者是一起看一场演出……这些美好的记忆更加珍贵也更加持久，重要的是，美好的记忆很难被比下去，所以送礼要送对方意料之外的溢出价值。

我们去问路，对方告诉我们怎么走，我们会感激对方，但是这种感激之情两三天就会被遗忘，因为别人帮我指路并没有超出我的预期，在我意料之中自然就不具备珍稀性，没有长期记忆的价值。但是如果我向对方问路，对方不仅告诉我怎么走，他看我还有一点儿迷糊，甚至亲自送我到我要去的地方，这样的问路经历，超出我们的意料，估计是一辈子也忘不掉的。

这样的送礼方法，在西方叫"鸡尾酒送礼法"，也就是"1＋1＋1送礼法"，具体的做法是：按照自己的经验列一个收礼人可能会需要的物品清单，在清单里选择一个他会接受的礼品，并相对收礼人的消费层次再提高一个档次送出。这就是"1＋1＋1送礼法"，1份清单＋1份礼品＋高一个档次，往往既能给收礼人惊喜，又有实用价值，还可以被收礼人牢记。

实战中，如果你想送的礼品实在太贵，超过预算，就把你的预算换成购物卡，加上一个有心意的小卡片，最后找一个理由安排这一次美好的体验。

小伙伴们，1＋1＋1，肯定不会错。因为我们给的，比对方想要的还要多，对方没有理由不惊喜，没有理由不记忆深刻。

不过小伙伴们可能会说："哇，1＋1＋1送礼法确实是好，但是我怎么才能知道客户会需要什么样的礼物呢？"

很简单，拿张纸，按性别、年龄、职业职位、收入、婚姻或家庭状况、消费习惯这六个维度，为你的送礼人画张"需求肖像"即可。

比如，2015 年，我想给一个化工厂的采购员送礼，按照六个维度，我的总结如下：

性别：女

年龄：35 岁

职业：采购员

收入：月薪 6000 元，年底有约 6 万元奖金。

婚姻状况：已婚，有一女儿在读小学。

衣着：穿着一般，没有名牌衣物。

根据普遍的社会经验分析这个"需求肖像"：

1. 男人注重功利、前途、权力、乐趣；女性注重精神、感觉、外貌、身材。

2. 20 岁的青年人做事比较随意，做事风格随着自己的心情来；30 多岁的中年人责任大，会跟着利益做决策；老年人关注子女，关系到子女的都会去做。

3. 采购员这个职位属于公司的底层员工，工资普遍不高，在公司存在感不强，处在底层的员工普遍渴望更多的金钱，渴望升迁，渴望工资能稳定。

4. 采购员基本上全年收入在 15 万～ 20 万。这个收入比上不足比下有余，属于焦虑感最强的阶层。

5.已婚有小孩的人，特别是小孩在读小学的，下班回家一般都要辅导小孩写作业，可以说小孩在他的心里排在第一位，比他自己重要得多。

6.穿着一般，说明该女性收入和支出基本平衡，没有多余的钱去买大品牌的东西。

根据上面的六个维度的社会普遍现状，我们把这个客户代入进去，不难发现：这个30多岁的女客户，她已婚且以孩子为重，由于孩子的课外辅导班、房贷、车贷等支出，估计她的收入和支出是平衡的，每年剩不了几个钱，但是，作为女性，又希望自己的孩子比别人的孩子要优秀，同时也希望自己美丽漂亮。

于是，根据以上的分析，我们送礼方向就有了：

1.送礼送小孩子用的是第一选择。

2.如果要送女客户本人，那么一定要送稍微贵重点儿的，能让她变得更美丽的东西。

实战中，我选择给这个女客户送了一部小孩子用的学习机，几百元，在2015年，学习机还是一个比较新颖的学习工具，很多家长还没有意识到可以借助它来帮助孩子提高学习成绩。因为这部学习机里面内嵌北大、清华等几所名校的名师对小学一年级到初中三年级全部课程的讲解，对小孩子的学习有一定帮助，所以当我把这部学习机的功能讲给这个女客户听的时候，她没有拒绝就直接收下了。

我当时的话术是："张工，我做销售天天在外面跑，小孩子我一直没时间辅导他，结果他的成绩一直不好，我昨天给他买了学习机，里面是北大、清华的名师课程，从小学一年级到初中三年级的课程全都有。对了，上次听你说你家小孩在读二年级，我顺便多买了一个，你看看，她能不能用得上。"

有一个送礼的小锦囊是：需要帮助的时候再去送礼就晚了，要平时没事的时候就去送。这才是未雨绸缪，有智慧。

什么意思？销售界有个说法叫："求人不送礼，送礼不求人！"求人的时候再去送礼，这叫临时抱佛脚，太晚了，别人这个时候不敢收你的礼，也不愿在风口浪尖上冒风险为你办事，所以，要平时没事的时候去送礼，正是因为平时没事，对方收了没压力，这样感情才能慢慢加深。

我以前做销售的时候，自己每年都会拿出几万元做送礼专用金：出差去外地，遇到不错的东西，买一点儿带回公司，送给同事和老板，于是，我在公司获得了老板的信任和同事的喜欢；在办公室工作之余，网上看到好的东西，突然想起来哪位客户很久没联系了，于是顺便买下给他寄去；创业做自媒体时，有时候也会忽然搞个有奖征文什么的，对回复的读者送一些礼品。赠人玫瑰，手有余香，只有提前"舍"，才会在你需要的时候有"得"。

把握场合和时机，
让人安心纳礼

司马迁在《史记》中记载了一个关于送礼的故事。

我们都知道，《史记》记载的可都是每个时代的重大事件，一件送礼的小事能被载入《史记》，说明一定有其重大启示。

这个故事是说范蠡帮助越王勾践击败吴国后，担心鸟尽弓藏，就带一家离开越国，去陶地做生意，自称陶朱公，没多久就积累了丰厚的家资。

后来朱公的二儿子因为杀人被楚国拘捕了。朱公决定派小儿子去探望二儿子，并让他带一千镒黄金贿赂官员，看能不能免罪。然而长子却不同意，说："我是长子，现在弟弟犯了罪，父亲不派我去，却派小弟去，说明我是不肖之子。"说完就要自杀。

不得已，朱公只好派长子去，并写了一封信要他送给旧日的好友庄生，同时交代说："你到楚国后，把黄金送到庄生家，一切听从他的吩咐，千万不要与他发生争执。"

老大到了楚国，依照父亲的嘱咐如数向庄生进献了黄金。庄生说：

"你现在回去吧，你弟弟释放后，不要问原因。"老大口中答应，但并没有真的离开，而是偷偷留在了楚国，并用自己另外私带的黄金贿赂楚国主事的达官贵人。

庄生找了一个机会入宫见楚王，以天象有变将对楚国产生危害为由劝楚王实行德政，于是楚王准备实行大赦。楚国受了贿赂的达官贵人把这一消息告诉了老大。老大寻思，既然实行大赦，弟弟自然可以释放了，那一千镒黄金不就等于白白给庄生了吗？于是他又返回见庄生。庄生一见到他就惊讶地问："你没有离开吗？"长子说："没有，当初我为弟弟的事情而来，现在楚国要实行大赦了，我的弟弟自然可以得到释放，所以特来向您告辞。"庄生听出了话里的意思，就说："你自己到房间里取黄金吧。"老大暗自庆幸黄金失而复得。

庄生觉得受到朱公长子的愚弄，深感耻辱，他又入宫见楚王，说："现在，外面很多人都在议论陶地富翁朱公的儿子杀人后被关在楚国，他家派人用金钱贿赂君王左右的人，因此并不是君王体恤楚国人而实行大赦，而是因为朱公儿子才大赦的。"楚王听罢大怒，于是他命令先杀掉朱公的儿子，之后才下达大赦的诏令。

朱公长子只好带着弟弟的尸体回家了。母亲和乡邻们都十分悲痛，只有朱公叹口气，说："我就知道老大救不了老二，不是他不爱自己的弟弟，只是他从小就与我生活在一起，经受过各种苦难，知道生活的艰难，所以把钱财看得很重。老大不能弃财，所以最终害了自己的弟弟。而小儿子从小生活在蜜罐里，不知道钱的珍贵，如果让他去办这件事，他不珍惜钱，一定能破财消灾的。"

自古以来，求人办事就和送礼密不可分。如果你想求人办事，用礼物来铺路搭桥，是人际交往中不可缺少的一课。

但从收礼者的角度来说，拿人钱财替人消灾，接受别人的礼物就是接受别人的恩惠，是要还的，甚至是翻倍还回去，所以一般人不会无缘无故地接受别人的礼品。送礼把握不好场合和时机，会使别人产生误解，感到不安，很容易导致对方拒绝接受。所以色哥认为：送礼只有在正确的场合和时机，才会让收礼者自然地接受，不会造成收礼者的心理负担。

首先，我们来说送礼的场合。一般情况下，赠送礼品可以在公开场合，也可以在私下场合，主要看礼品的性质。如果礼品没有什么实用性，还带有象征意义，能给对方带来面子、荣耀，便于其形象的树立和炫耀，不妨在公开场合赠送，比如一面锦旗、一座奖杯、意义不一般的活动邀请函、一束鲜花等，可以直接送到对方的办公室，这样在向收礼者表达心意的同时，也可以向其他人展示收礼者的优秀、清廉、高雅，使收礼者在感到受尊重的同时，也有一种精神上的成就感和自豪感。也就是说，在公开场合，我们送的不是礼品本身，而是一种面子、一份荣耀。

在这里，我给大家举个例子，我有个学员，以前当着很多人的面给我送礼。不收吧，对方千里迢迢特意来送礼，诚意十足，拒收实在不妥；收下吧，众目睽睽之下，收受别人礼物，这件事情传扬出去，说不定会变成什么版本，严重的话会影响名声。于是，我当机立断，收下他的礼品，但是把他的礼品作为抽奖活动奖品，随机抽取三位学员，让他们回答问题，回答正确次数最多的为冠军，奖励我收到的礼品，而另外二人则奖励我准备的其他奖品。于是，我既收下了学员的礼品，又让礼品变成奖品，让他人参与互动，其价值更加有意义。而送礼的人成为奖品的提供者，被我公开宣传，也倍儿有面子。

送礼的场合非常重要，如果选择不当，往往让想收礼的人心生顾虑不敢收，导致你送礼失败，比如客户采购办公室五六个人一起办公，你直接带两瓶白酒、一斤茶叶，大包小包给客户送过去，那么众目睽睽之下，客户采购员接受你的礼品，这不是当众上演违法犯罪行为吗？收礼的采购员可能第二天就会被严肃处理。

所以，如果赠送的礼品是食物或者其他实用性物品，一定要在私下场合送出，一方面不会给收礼人带来压力，另一方面也不会引起误解，让人感觉是在收受贿赂，对收礼者的形象造成影响。

接下来我们聊聊送礼的时机。所谓时机，是指送礼的最佳时间。经常有学员问我："色哥，您觉得什么时候才是送礼的最佳时机，是节假日还是平时，是刚见面还是临走时，是上班时间还是之后送到对方的家里？"我通常都会回答说，有合适的、恰当的理由，让对方能够合理化地收礼的时候，都是恰当的时机。因为谁也不会无缘无故收礼，所谓无功不受禄，当你的理由充分，能够让送礼的行为合理化，让对方安心收下礼物的时候，都是合适的送礼时机。

很多人找不到更好的理由，就会借元旦、春节、中秋、圣诞等节日送礼，也有选择新公司的成立日、公司成立纪念日、大客户的生日、一个重要部门的领导需要公关、感谢某人提供给你获得生意的信息、感谢同事或朋友给你介绍商业机会、感谢某人不计利益地在工作上帮助你、恭喜某人高升的时候，还有你的下属或是有业务往来的人结婚、生小孩、生日、重病初愈等时候送礼的。

高情商的社交高手能找到各种送礼的理由。礼物按功效可以分为两种。一种是用来传达情感的表达型礼物，比如春节给长辈送的保健品，情人节给女朋友送的花，等等。另一种是用来达成某种功利性目的的工具型礼物，比如送礼给客户，希望生意上多帮帮忙；送礼给贵人，希望多引荐机会；送礼给领导，希望工作上多关照；等等。工具型的礼物，通常都带有目的性，容易激起对方的提防心理，所以这样的礼物往往比较难送，但是高情商的人都会把"工具型"合理转化成"表达型"：今天我看这个小东西不错，分享给你；明天我看那个吃的不错，也分享给你……不管我们背后有没有利益关系，我是用和朋友相处的方式在跟你分享，这就为平时送礼奠定了很好的基础，还不会给对方造成收礼的心理压力。

一般来说，不管是表达型礼物还是工具型礼物，都应该在一见面的时候就送给对方，如果刚见面不太方便，也可以在分手道别的时候再赠送。送礼的时候不管礼物丰厚还是微薄，都应该大大方方地拿出来，切忌偷偷摸摸地将礼物放到某个角落。如果想在节假日送礼，最好提前几天，因为正当节假日的时候，送礼的人比较多，早到的礼物更容易被记住。如果礼物晚到，一定要找到合理的理由，因为一些节假日或者特殊时期不送，事后送去人家收也不是，不收也不是。事后送的礼品再贵重也起不到最佳的作用，不仅失去了送礼应有的意义，还很难消除别人认为被你忘记和轻视的感觉，这一点大家要记住。

另外，色哥要提醒的是，在求人办事的时候，很多人常常会问：是办事前送礼好，还是办事后送礼好？色哥的建议是：办事前、办事后都送。因为办事前送礼，你表达的意思应该是，这不是道德绑架，而是"我们是朋友，能不能帮个忙"；办事后送礼，是让对方明白，尽管这事办完了，但你的情我还记着，我是真心诚意地向你表示感谢。人脉都是经营出来的，面对有心之人，对方会格外有好感，这样下次你再找他帮忙，他也更愿意去帮你。

 **送礼话术巧设计，
礼物显得更高级**

　　我们的成长历程中，其实是离不开送礼的，礼物社交几乎贯穿我们生活的始终。

　　小时候可能会随着爸爸妈妈一起在春节或中秋给长辈们送礼。青春期可能会给一个心仪的女生送一本书或一张电影票，我读初中的时候在某个早晨去学校的路上，曾经接受过同班的一个女孩送的热乎乎的茶叶蛋。这些送礼方式都是传达情意的表达型送礼，礼轻，但情意更重。

　　转瞬从学校毕业走向了社会，开始打工生涯，领导安排我到广东去负责区域销售，但是我想去武汉，究竟是去武汉还是广州，这就需要领导最后裁决，于是周六我便买了两斤苹果去领导的家里，陪领导说说话，带领导的小孩打打篮球，中午顺便蹭了一顿饭，饭后领导无奈地说："你想去武汉那就去武汉吧，但是不管去哪里都要好好工作，做出成绩。"周六去自己公司领导家带两斤苹果，这样的送礼方式属于工具型送礼，是为了某个目的而去的。

　　工具型送礼其实非常难，因为收礼人一般都知道你送礼不是因为单

纯喜欢他，而是为了达成自己的目的，收礼人知道收了你的礼品之后就要相应地为你办好某件事，收礼相当于收麻烦，所以绝大多数人是不接受工具型送礼的。

有一个学员向我描述他的一次送礼经历，他说："我是做消防水泵销售的，有个建筑项目需要消防水泵，消防公司以前用 A 品牌，我见到了消防公司的采购员，据他透露，只要我们的产品质量能和 A 品牌相当，并且价格便宜一点儿，他就可以考虑购买我们的产品。结果我报价都送了，价格比 A 品牌便宜 5%，但采购员说这件事情还需要老板亲自定夺，他做不了主，只能把我们的报价递上去，给老板看一下，最终选用哪个品牌要看老板的决定。于是，我在最近一次拜访时，买了一张购物卡，夹在产品的图册里送给采购员，采购员看到后表情有点儿难看，坚决让我把图册拿走，否则取消我参与报价的资格，我只好把图册拿走了。礼没送出去，反而让采购员很生气，送礼怎么这么难啊？"

这个学员礼送不出去原因很简单：送购物卡相当于送现金，一般人谁敢收你的现金，这是违法犯罪啊！采购员肯定不敢收，因为采购员知道，你送购物卡给他就是想让他买你的产品。这个送礼的意图太明显，收下你一张不知道金额的购物卡，就要把这笔合同给你做，付出的代价太大，采购员有顾虑，不敢收。试想一下，你见采购员的时候，送他一杯奶茶，你看他收不收？他肯定会收。因为一杯奶茶十几元，这里面没有什么利益纠缠，他收下也不会因此付出惨痛的代价！

所以送礼送得出去的秘诀是：你要提前消除对方怕付出代价的不安

全感。

这个消除对方的不安全感的过程，基本上是靠我们精心设计的话术来完成的。

一般而言，收礼人在面对他人给自己送礼的时候，送的礼品如果是他想要的，这个时候收礼人的心里是摇摆不定的，既想要，但是考虑到不熟悉、怕麻烦、怕付出代价，又不太敢收下礼品。

送礼难不难，关键是看你平时和对方的亲密度，你送的什么礼和相应的话术，送的是对对方有帮助的，是对方想要的、感觉安全的，并且你的态度诚恳，那么客户很难拒绝，往往会在你精心设计的话术下顺水推舟收下你的礼品。

送礼的话术设计有以下三点可供参考：

第一，话术设计要让对方觉得收下礼品是"必要的"。

客户收礼肯定是理智的，他会判断收下之后要付出什么代价。如果代价在自己能力范围之内，他就会收下；如果代价超出自己的能力范围，他就不敢收。大家都明白"出来混，迟早要还的"，拿人钱财不能替人消灾，这个钱财就是烫手的，不能拿。正是因为人在收礼的时候，会理智地判断其付出的代价和收礼的收益相比值不值得，所以我们为了把礼送出，就必须设计话术，消除对方担忧的"代价"。如果不需要付出代价，那么礼品就具备超高的性价比，客户就觉得很有必要收下礼品。

话术可以这么说："张工好，昨天周末，我带老婆小孩去乡下农家乐玩了一趟，农家乐送了 20 斤草莓，味道很好，但是这个东西不好保存，自己吃不了，又不能放太久，所以给你带来一点儿，帮我解决掉，不然放坏了也是浪费，不如和朋友一起吃掉。"

第二，话术设计要让对方感觉礼品是"对自己有帮助的"。

我自己是痛风患者，一般小伙伴送我治疗痛风的药，我都会接受，因为病急乱投医。我们想送礼送得出去，除了判明对方的需求，还要精心设计自己的话术，让收礼人明白：这对他是有帮助的！

比如一个浙江医疗器械行业的销售人员，他的客户是一位主任医师。这位主任医师特别忙，住的地方离医院有点儿远，而且医院的停车位非常紧张，他常常来不及吃早饭，紧赶慢赶到医院都还找不到停车位，以至于上班打卡迟到。在一次闲聊中，销售人员听到主任医师关于停车难的抱怨之后，他就留心了。

第二天一大早，销售人员买好早餐，特意提前半小时去医院占了一个停车位，然后估计主任医师快到医院了，就给他打电话，说："张主任，我早晨肚子疼来你们医院挂了个急诊，我现在事情办完，要走了，我的停车位是 C86 号，你来我让给你。"

主任医师还在担忧自己的停车问题，忽然听销售人员说要把自己的停车位给他，他没有理由拒绝，于是就去了这个停车位，不仅车子有地方停，而且销售人员连早餐都帮他买好了。于是这位主任医师心中自然产生了感激之情。

从那之后，这个销售人员几乎天天都提前帮主任医师占停车位并买好早餐，于是，虽然没有推销，但是这个销售人员的产品在这家医院是卖得最好的！

赠人玫瑰，手有余香，你平时有没有"赠人玫瑰"的举措呢？

第三，话术设计要让对方感觉收下礼品是"安全的"。

人人需要安全感，甚至宁愿自己吃一点儿亏，也要追求安全。安全是人最底层最基本的需求。满足不了安全需求，任何人也不敢收受你的礼品。

所以，你公司的知名度、企业规模，你对客户的态度和专业性，以及你产品的口碑、性能和售后服务，等等，这都是客户要考察的保证安全的前提条件。有了保障才有接受礼品的可能。所以，我们销售人员平时一定要向客户宣传企业、宣传产品、宣传我们销售人员的个人品性，这都是对方对我们做判断的依据。

前期打好基础有助于我们礼品的送出，但不管如何，仍需要用言行来打消对方关于"安全"的担忧，这样才能一送就成功。

比如有一次我去拜访一个客户，送一个录有 3000 首歌的车载 U 盘给他，我说："张工，这是我公司专门给大客户的宣传公司的 U 盘，里面有我公司的资料和视频，也录了几首歌。我看你经常开车，开车的时候偶尔听听歌，更有助于放松。"

客户听说这是公司统一给大客户的宣传公司的 U 盘，作为客户他接受是理所当然的，就毫无顾虑地收下了。

小伙伴们，现在是法治社会，色哥建议如果确实需要送礼表达自己的情感，这并无不妥，但是一定要记住，送礼的金额不能超过国家允许的范围，否则是作茧自缚。送礼想轻松愉快地送出，一定要精心设计自己的话术，话术要依据对客户而言收礼是"必要的、对自己有帮助的、安全的"这三个原则来设计，才能一矢中的。

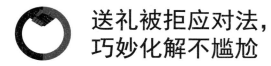

送礼被拒应对法，
巧妙化解不尴尬

有时候送礼，尽管我们选择在正确的时间、正确的地点送给正确的人，但是仍然可能会被拒收，因为对方不想和我们发展更深的关系，所以他就不想收礼，以免和我们纠缠不清。还有的人因为收礼可能会触犯自己公司的规章制度，甚至会有法律上的风险，所以为了明哲保身也不会收礼。有时候送礼给自己的亲朋好友、恋人同事，如果之前发生了一些矛盾，而我们还不自知，也会出现送礼被拒的情况。

比如，有一年春节期间，我在自家亲戚群里发红包，其他人都是200元红包，后来发给堂弟的时候微信里只有100元，就发了个100元红包给堂弟，当时我没在意，过年发红包就是为了气氛，都是自家的亲戚，谁会区分亲疏远近的关系。但是我堂弟不这样认为，他认为我看不起他，所以从那次发红包之后，他再不主动和我说话，我有事找他，他也不热情，我明显感到他的冷淡，仍然没多想。转眼又是第二年春节，我回了一趟老家，分别给亲戚带了礼物，包括堂弟的父母和小孩，我给堂弟的父母送礼，他们收下了，但是送给堂弟小孩的礼物，堂弟夫妻说什么也不要，还说"我们农村高攀不起"之类的话，我很惊诧，就把堂弟的妈妈，也就是我的婶娘，喊到一边，问她："堂弟好像对我有什么意见，是怎么回事？我记得没得罪过他。"

于是，婶娘就把我发红包发给其他人 200 元，唯一给堂弟发 100 元的事情说了出来，那时我才明白，原来是一个不经意的小事导致堂弟夫妻对我耿耿于怀。

自己的亲戚，知道问题的起因，亲自去道个歉，说明一下缘由，话说开了，基本就没事了，并不影响真正的感情。但是，我们给客户送礼，如果客户拒收，这就不是"不影响感情"的事情了，言外之意就是不想跟你深交，不给你办事。如果客户不帮我们，可能会影响我们销售工作的推进，也可能会影响合同订单的签订。销售人员如何应对客户拒收礼物呢？下面有三招，你可以试试：

第一招：巧借第三者法。

生活里我们送礼为了能送出去，往往会使用"第三者"做借口，比如去见同学，你平常带点儿水果什么的还好说，但是如果想让同学帮你做些事情，仅仅是带点儿水果可能达不到效果，但如果礼品稍微贵重一些，同学就会说："我们可都是老同学啊，事情我肯定要去办，但这个礼我是真的不能收，你赶快带回去吧。"以此来婉拒你，这个时候，如果硬把礼品放到那儿，不仅无法推动事情发展，还可能让事情进一步恶化，这个时候你就可以把礼品推给对方的孩子。我们可以说："这东西不是给你买的，是给你家小孩的，同学感情跟兄弟感情也差不多，作为长辈给孩子买点儿东西，这不是天经地义吗？"通常情况下，说礼品是送给孩子的，这个礼我们就能够送出去。送出礼，意味着办这件事情就会很顺利，所以，做人不能太实在，那些会办事的人，最精通这一套，所以人家办事情总是很顺利。

巧借第三者法的"第三者"不仅仅是对方的孩子，对方的父母、彼此熟悉的人等，都是可以巧借的第三人。比如我们送礼说是给对方父母送的，作为晚辈，来找你，给你家里的长辈带点儿礼品合情合理，也是中国的传统文化和习俗，对方也很难再拒收。

第二招：不能让你吃亏法。

我家小孩要读初中，因为不是深圳本地户口，又想上深圳本地的公办学校，但公办学校名额有限，还有各自的招生政策。于是我找了一个朋友，他是做电子白板销售的，他的客户群就是各类学校，和一些学校的老师也比较熟悉，我委托他帮我问问小孩读公办学校需要什么手续，要达到什么条件才能入校读书。为了让这个朋友认识到我对这件事情的重视，我送给这个朋友两盒茶叶，朋友当然不收，他说："色哥，虽然我们是朋友，但是在相处的时间里，你教会我很多做生意的方法，某种意义上说，你更是我的老师，我怎么敢收你的礼呢？"

这个朋友死活不收我的礼，于是我就说："你帮我去办件事也很不容易，不说耗费你的时间，也不说耗费你的车子油钱，办这件事情你也要到处打点，到了饭点，说不定还要请别人吃顿饭，这些都是开销。你为我帮忙办事，我怎么能让你自己掏钱吃亏，这说不过去！这两盒茶叶是表示感谢，你一定要收下，咱们有情后补。"

我这样一说，朋友也无话可说了，终于安心收下我的两盒茶叶。小伙伴们，你们找朋友办事，会不会送礼给他呢？有人认为，朋友嘛，送礼就见外了，即使找他办事也不应该送礼的。你觉得这样做符合人性吗？关系能长久吗？

第三招：礼品暂寄法。

我以前手下有个在长沙的销售人员，别人帮他介绍了一个天津的新客户，是一家民营企业。于是这个销售人员就从长沙去天津出差，拜访客户的采购员。他在天津当地买了两瓶酒，想送给采购员，结果被采购员严词拒绝了，说公司规定不许接受礼品。不管销售人员用什么话术，采购员就是不接受。结果送了两次酒，都没有送出去。

销售人员第三次去见采购员，对采购员说："我今天就回长沙，还想请你帮个忙。"采购员说："什么事情？"

销售人员说："你也知道我是长沙人，这次我是专门从长沙来天津看你的，和你相处也挺愉快，让我学习了很多，今天我就回长沙，飞机票也买了，你知道坐飞机是不让带酒的，而我在天津就认识你一个人，就你一个朋友，所以，我这两瓶酒先寄存在你这里，我过段时间再来拿。你看，能不能帮我这个忙？"

对方采购员一看，销售人员说的确实有道理啊，飞机上确实不让带酒，你总不能让销售人员把酒扔掉吧？于是，这个采购员就同意了销售人员把酒寄存在他这里的做法，而销售人员的礼物也送出去了，因为大家都心知肚明：专门寄存的东西，还能要回来啊！

第 4 章

商务招待：
学会用饭局搞定人

饭局谋划：
如何花费不多又不失体面

饭局是每个销售人员都绕不过去的一个工作环节，也是决定很多人能否成单的关键。

我相信大多数销售人员都组织或参加过饭局，也都曾为这个问题而苦恼：如何花费不多又能体面地组织一场饭局，达成自己的社交目的？最好的方法，就是"借饭局"。

我在 2017 年底去深圳发展，但是茫茫人海，从哪里开展工作呢？于是我便想起了我的目标客户群所在的行业协会。因为临近年底，行业协会要举办当年的年会庆祝活动，于是我报名并缴纳会费，加入了这个行业协会，自然也被通知参加行业协会组织的年会活动。在年会的晚宴阶段，行业协会的会长更是把我推到了主席台上，让我作为新加入协会的会员说几句。于是通过年会的晚宴，我认识了不少协会内的精准客户，在年后的三个月，我便接到了这个协会会员的四个订单，我的工作局面一下子打开了，一直到现在，这个协会的会员企业也和我有源源不断的合作。

你看，我通过行业协会的饭局，一下子改变了自己工作上的被动局面。所以小伙伴们，如果是处在没有跟客户产生一对一交流的开拓阶段，往往可以借助一些相关饭局，留心是不是有关联性活动，趁机打开局面。

如果我们已经到了跟客户关系比较深的交流阶段，就需要我们自己来组织饭局。那组织饭局要如何既花费少又不失体面，重点是还能把客户维护好呢？

色哥的建议是，利用好峰终定律并且提前做好饭局的准备即可。2002 年诺贝尔经济学奖获得者丹尼尔·卡尼曼认为，对体验的评价是由两个因素决定，即高峰时的感觉与结束时的感觉，这就是峰终定律。具体地说就是，我们经历了一件事情之后，所能记住的就只是在高峰与结束时的体验，而过程体验好与不好，以及时间长短，对事物的评价几乎没有影响。

比如你在一家餐厅用餐，等待上菜的时间略长，这是让人不满意的地方，但是餐厅免费送你扑克牌和瓜子，你可以在等待上菜的时候和朋友先打一局扑克牌游戏，这样不满意的感觉就消失了，用餐完毕后店家赠送一份精致的果盘，并附赠礼券，你多半会对这家餐厅产生好感并推荐给其他朋友。

把峰终定律用在饭局上，是未雨绸缪，是提前准备，不打无准备之仗。依据峰终定律能事前规划出饭局的若干个高峰点，从而保证了即将到来的饭局是可控的，客户的体验效果是明显满意的。由于事前做了策划方案，饭局也因此变得简单而易控，花费不多就把事情办成，同时还让客户感觉超棒！

比如从事砂铸模具的销售人员去拜访某一个企业的采购员，觉得这个客户非常优质，想通过组织一场饭局来加深感情，建立合作基础。但是依据常规，如果销售人员贸然提出请对方的采购员一起吃饭商谈合作，那么采购员肯定会警觉，一般都会婉拒销售人员的吃饭提议。于是聪明的销售人员便瞒天过海，以邀请采购员到其他客户使用现场考察产品使用情况为由，安排客户的采购员去离饭店不远的其他已购买产品的客户处参观考察，做产品的调研。

销售人员故意把考察时间安排在下午四点半开始，中间再拖一拖，正好拖到下班后的饭点，于是顺理成章地留下采购员一起吃顿工作餐再走。这样的工作餐虽然看起来是临时"凑"的饭局，实际上这个考察活动和考察后一起用工作餐，是销售人员策划好的。怎么请客户？请客户的谁？在哪家饭店请？点什么菜？考察需不需要送一些礼物？送什么礼物？这些早在几天前就策划完毕，然后找个机会以考察产品使用情况的理由把客户约出来，用拖延战术拖到饭点，最后一起用餐。这个就是"提前准备"。

那么怎么利用峰终定律做到我方花销较少又相对体面，让客户赞叹不已呢？实战是这样策划的：

首先，饭局最好提前三天正式发请帖邀请，让你的邀请显得更有诚意且安排妥善。

中国有个不成文的规定，正式请客要提前三天告知，这样方便自己和客户安排出时间做些准备，也是有礼貌、有诚意的表现。普遍而言，当天提出请客户吃饭，客户很难判断你是假请还是真请，感觉突然请客有点儿没诚意，往往会婉拒你的邀请。所以，正式的请客尽量提前三天，而且为了显示你的真诚和事情的确定性，你还要递交请帖，请帖写上饭局的具体时间、饭店名称和包厢房间号。如果是临时确定的饭局，当天就要请客，那么不管你是当面口头邀请客户还是书面邀请，你都要提前告知对方具体的饭店名称和包厢房间号，并且每隔一段时间与对方确认一次，坚定客户来赴约的信心。

其次，了解客户的口味偏好和忌口，提供有针对性的服务并保障私密性。

要了解并依据客户的地区、年龄、习惯、偏好等信息寻找相匹配的饭店，饭店选定之后打电话给客户，告知他饭店的名称和特色口味，咨询客户的意见，如果客户没意见就预订这家饭店。然后就可以静等客户光临。工作中接待客户和生活中的朋友饭局是不一样的，一定要注意私密性，特别忌讳去一些豪华名店，因为这些地方，纪检部门可能会去抽查，最好是选择当地有情怀的、偏远的特色饭店或农家乐，总之工作上的请客最好远离闲杂人群。比如，有次我在南京请客户吃饭，我们就去山里吃新鲜的山里杂鱼，这样一是新鲜，二是山区空气好，也能放松心情。

最后，根据峰终定律，让客户体验感、好感度拉满。

不管说与不说，客户在饭局后一定会对本次饭局有个评价，评价来自这次吃饭的峰终体验，所以我们要依据峰终定律，特别设计峰终节点，让客户难以忘记，好感度拉满。具体的做法有三点，来确保客户的峰终体验是正面且超值的：

第一，请客户至少点一道大菜。

点菜的时候即使客户表示"一切随便"，但你还是要请他们至少点上一道大菜。所谓大菜，就是档次高的主菜，比如一道鲍鱼、一只澳洲大龙虾等，一般这样的主菜可以确定全局的规格并且给足客户面子。虽然他们嘴上说"随便"，但心里都有一把标尺，而这道大菜就是这把标尺的具体化。毕竟我们所做的一切还是为了向客户展现我们的价值，所以点价格高的菜，客户就会感觉自己被尊重，对这场饭局自然就有了高峰体验，评价就高了。

第二，特价菜必点。

特价菜价格很低，是饭店招揽顾客的促销手段，但对顾客来说确实好处多多。特价菜除了价格很实惠，也大多是饭店的特色菜，能体现用餐饭店的特色，点特价菜可以达到省钱尝鲜的效果，何乐而不为？另外，如果实在对用餐饭店的菜肴没有把握的话，可以看看别人桌子上的菜，看看哪些是最受欢迎的，点得多的菜都不会太差。

第三，不要让客户空着手走。

还记着峰终定律的"终"吗？根据峰终定律，好的结束是成功的一半！所以，我们在饭局策划阶段就要设计好，送给客户一些伴手礼，不要让客户空着手回去，比如山里新鲜的土特产，或一些电子设备，都是好的选择。

如果你是客户，形势所迫，你不得不参加一个饭局，但是这个饭局的请客方很尊重你，很有诚意，请你点一个大菜，并在你走的时候，送给你一份用心准备的伴手礼，你对这场饭局的评价是怎么样的？不满意？还是很愉快？

所以，商务宴请一定要让客户满意，因为这是商务社交中，提高客户满意度成本最低的方法。

**饭局邀约：
如何请到对的人**

　　做销售的，都知道饭局的重要性，但十个销售有八个都犯愁在饭局邀约中，无法请到对的人。

　　我们都知道，想办成事，找对人是第一步，人都找错了，事情还想成功几乎就是天方夜谭。你想求子，就要去拜送子观音，如果去拜文殊菩萨，那不是笑话吗？文殊菩萨是智慧的象征，主管求学，求子去拜文殊菩萨与我们的目的岂不是南辕北辙？那么我们办事，要怎样才能"找对菩萨烧对香"呢？

　　我们需要坚持一个原则：根据要办的事，到相应的职能部门去找人。

　　社会是有分工的，各管各的一摊子事，采购部负责采购，生产部负责生产，教师负责上课，医生负责看病……千万不要听人忽悠，任何人说他能帮你干什么，你就直接相信了，委托他帮你办事，很容易上当受骗。你要办事，一定要先去相应的单位找相应的部门见相应的人。唯有如此，你才能找对人。

　　找到对的人后，我们就要想办法请其帮助我们办理事情。由于现在常处于竞争过度的状态，一个饼往往有十个人去吃，为了确保我们能吃到饼，我们需要和对方建立一定的亲密信任关系。基于信任，对方会优先回应我们的需求，那怎么获得信任呢？

饭局可能是最快的方法。

"一般不喝酒，不喝一般的酒，不和一般人喝酒"，这句顺口溜反映了在职场和有利益冲突的地方，想把一个手上有资源、能决定你成败的人请出来吃顿饭，是非常艰难的。

比如我的同学，在某个部门副科级岗位上干了十多年，正科长一直没调动，他也就一直没机会升职，想换个岗位看看能不能有好运气，于是，他就发短信问领导："领导周末有安排吗？想请领导吃饭。"领导说周末有安排了。

过了一段时间，他又给领导打电话，问领导有时间吗，领导说这段时间比较忙。又过了一段时间，我同学又打电话给领导，说："领导，跟您预约一下，您下周百忙之中找个时间给我，我请您吃饭。"领导说："不用不用，都是同事，有事你直接来我办公室谈吧。"

你看，我的同学怎么都请不出他的领导和他单独吃饭，所以他一直在一个部门干了十几年，现在还在那个位置上坚守着呢！

领导不傻，他也知道你"无事不登三宝殿"，不会无缘无故请他吃饭，无非是让领导帮你做事而已，谁愿意为了一顿饭去帮人做一件有难度的事情呢？

所以，求人办事，"干请"请不出来才是正常的！如果你随随便便都能请出来的人，他也不会给你办成什么事的。

那么，怎么才能把对的人请出来呢？

第一种方法是找有影响力的人出面邀请，我方装作偶遇，参加饭局。

很多时候，如果我们直接去邀请某个重要的人，纵使有充分的理由，也不一定能请得到。

因为对方有太多顾虑不愿意参加饭局，比如觉得彼此不熟悉、地位有差距、业务关系需要避嫌等。但如果邀请对对方有影响力的人出面作陪，组局难度会小很多。这个过程需要花费很多心思与智慧，常见的方法有同学、同乡、战友、同事开路，共同好友作陪，老领导出面，等等。

比如想请领导出席饭局，可以邀请与其关系很好的共同好友作陪，或者邀请其他同事作陪，如果领导喜欢书画，还可以邀请当地有名的书画家出席，等等。

我自己曾经做某个项目的设备销售，需要请业主方的人吃饭沟通一下，但是业主方始终不答应，于是我便趁这个项目设计方的设计师来现场和业主方进行图纸对接时，策划让设计师请业主方吃饭，等吃到一半的时候，设计师借口上卫生间，而我也装作在这个饭店吃饭，偶遇了设计师，用这个借口，设计师把我带入了他的包厢、他的饭局。然后我以打扰了为由，挨个向业主方、设计方敬酒。通过这个策划，顺利地和业主方在饭局上偶遇，并获得了进一步交流沟通的机会。

但要注意，求人办事的局，作陪的人不宜过多；答谢别人的局，可适当增加点儿人数，活跃气氛。

第二种方法是自己出面邀请，但一定要让对方知道，来参加饭局，是有甜头的。

人在这个社会上，都是有喜好、有欲求、有自己想做却暂时未做成的事。我们就在这几个点上，想办法投其所好，组织饭局。

我以前销售水泵的时候，曾经去开发某个石油化工设计院，想让设计师把我销售的产品设计进新建项目的图纸里，这样有助于销售，但是这个权力控制在室主任的手里，这位主任是传说中的油盐不进，怎么也不配合，请客吃饭什么的都是严词拒绝，让我一点儿办法也没有。后来有一天我又去找主任，他不在，我和下属的工程师聊天，问为什么今天主任不在办公室。

工程师告诉我，主任的小孩想去美国读高中，但是需要美国人提供担保，才能获得批准，出国留学涉及选学校，要熟悉美国的法律和走各种流程，主任啥事都不熟悉，最近每天为这些事忙得焦头烂额，今天可能又去了解情况了。

我一听就觉得是个机会，因为我有个同学就是专门做这种把中国小孩送到美国读高中的生意，于是我借机约主任吃饭，说："我有个工作上的事情向你汇报一下，本来想单独见你，但我恰好有一个同学从美国回来，他是专门送小孩去美国读名牌高中的，你看我在你单位附近某某饭店等你好吗？"

主任正在为自己小孩去美国读书而烦恼、四处奔波，在这个关口，我给他介绍一个能帮他办成这件事情的同学认识一下，你说，主任他能不接受这个邀请吗?

事实上,我同学确实帮主任做成了送小孩去美国读书的事情,而主任也同意按照我们公司产品性能规格来设计图纸,一场饭局,实现了双赢。这就是饭局的价值。

小伙伴们,求人办事的饭局,一定要师出有名,有个光明正大的由头,这个由头一定是对方喜欢的,不然我们根本请不出来。尤其一些有权力的人一般不愿意参加饭局,贸然接受邀请,很容易出问题,所以我们可以参考上述方向,巧布局,策划一下,把对方请出来面对面沟通,达成自己的目的。

饭局开场：
如何说好开场白，一秒打开局面

前首富王健林在网上说过这样一件事：

有一次，他带着一个年薪百万的博士去应酬，饭局上王健林让博士给对方领导敬酒，没想到博士端起酒杯对着领导说："领导请放心，我们一定把这个项目做好！"说完直接干了，领导一脸尴尬。王健林回去就把这个博士给开除了。

这个博士学历很优秀，可能专业技能很厉害，项目也做得不错，可是他有一个致命的短板，那就是不会应酬。不会说饭局的开场白，是职场大忌。王健林这次带他出去参加饭局，目的很明显，就是一次考验，看看他能不能胜任这项工作，不过最后还是失望了。博士错在说错了话。这本就是一场普通饭局，敬酒时为什么非要提到工作呢？中国生意场上的饭局讲究的是：喝酒就是谈生意，酒喝好了，生意也就成了。一上来就谈工作，会让客户觉得饭局可能是一场鸿门宴，让对方顿时心生警惕，感觉好像是王健林别有用心才请他过来。开场一张嘴就把接下来的路给堵死了，对方领导这酒还能喝得开心吗？之后的气氛还能轻松吗？显然不可能了。

商务场合，我们少不了喝酒，但酒桌上规矩颇多，尤其是喝第一杯酒之前的开场白祝酒词非常重要。在饭局中，人们都注重"开门红"的说法，饭局进展怎样，气氛是庄重还是轻松，都是祝酒词定调，只要第一杯酒喝好了，其他的也就好说。如果第一杯酒喝得不好，后面的礼仪和规矩再完美，也很难弥补前面的过失。那么，如何说好开场白，喝好开局酒呢？你只要记住两个开场白公式即可。

饭局一般可以分为请亲戚朋友关系型和请同事领导客户商务型这两大类型。

如果这场饭局邀请参加的对象是亲戚朋友，这类饭局的气氛应该以随意轻松为主，其饭局开场白公式为：**感谢＋祝福。**

比如自己搬家，朋友来帮忙，晚上搬完家就顺便组个饭局，等到菜上来一点儿，酒也打开了一瓶，这个时候作为组局者的你，首先要端起酒杯，说几句祝酒词，来启动饭局，具体可以这么说："今天非常高兴，搬家很累，小伙伴们平时上班也都很辛苦，如此辛苦的情况下，在座的兄弟仍义无反顾地帮我，万分感谢，我们先干了这杯酒，祝愿我们友谊万岁，事业越干越好。"说完喝下第一杯酒，其他人也喝下第一杯酒后，饭局正式启动。

如果我们饭局请的是领导、同事或者客户，很明显这样的饭局偏商务、偏利益合作，饭局的功利性很强，但是又不能直接凸显其功利性，要用"高大上"的开场白祝酒词把功利性掩藏起来，但是也要让饭局参与者感受到我方的价值，对彼此都有价值才有合作的空间，所以，这类的开场白祝酒词公式为：**日期渲染＋感谢到场＋饭局主题＋祝福。**

比如销售人员带领技术员去客户的工程部做了一次技术交流，技术交流之后，我方提议，已经过了下班时间，到了饭点，我公司请各位专家一起吃顿工作餐。客户半推半就地同意了，于是组成了一个饭局。

那么饭局开始，原则上谁请客，谁致开场祝酒词，也就是说，原则上是我方最高职位者才有权致辞的。于是，我方最高职位者就可以按照"日期渲染＋感谢到场＋饭局主题＋祝福"这个开场白公式进行致辞，具体可以这么说："金秋十月，是个收获的季节，今天很荣幸能与王总，以及各位专家交流、汇报工作，各位领导专家认真负责的态度和深厚的专业知识，让我学习到很多，非常感谢。'古来圣贤皆寂寞，惟有饮者留其名'，这杯酒敬各位领导专家，祝各位'直挂云帆济沧海'，工作生活不断攀新高。"

祝酒词虽然简单，不过几句话而已，但是对一些未经训练的人来说，仓促之间考虑得面面俱到，言之有物，给人真诚热情的印象，一下子把酒桌的气氛给点燃起来，也不是一件容易的事情。凡事预则立，不预则废。饭局开场白祝酒词，属于定调之音，在饭局之前，我们就应该备有方案，切不可临时才想，才组织语言去说。

开场白预案怎么做呢？除了牢记饭局开场白的两大公式，还要遵循下面两点：

第一，内容要保持积极正面。

饭局的开场白祝酒词内容要保持积极正面。通常，开场白讲得幽默风趣没什么问题。幽默可能会让你精彩的开场白令人难忘，但一定要小心，不能有挖苦和讽刺的意味。在众人面前的讲话内容如果有侮辱的意味，会让人记住很长时间。

第二，语气要热情，目光要环视全场，说话时伴随手势。

有气无力的开场白，内容再精彩也点燃不了他人的激情。我们在说开场白的时候一定要热情洋溢，声音响亮清晰，语调欢快，这样听众就会觉得我们热情饱满，很有诚意，为开场白加分不少。

小伙伴们，用对热情，能让你发光，好的开场白能给人留下良好的印象，为接下来的饭局奠定成功的基础。现在的职场、商务环境中，离不开饭局，饭局早已经成为每一个中国人无法避免的社交活动。如果你还停留在饭局就是拼酒量的时候，那你真是落伍了。所谓饭局，笨的人吃的是饭，聪明人吃的是机会，能说会道攒人脉。如何在饭局上巧妙地开场，让主宾双方都感到愉快，是一项很高级的能力，祝愿每一个小伙伴都能掌握这种能力。

点菜礼仪：如何高情商点菜，让客户和领导对你满意

你会点菜吗？

你肯定说会。但你有信心你点的菜客户和领导一定会喜欢、会满意吗？

可能你就不确信了。

实际上，很多人在商务活动中对点菜都十分头疼，都有轻度的"点菜恐惧症"，根本不知道如何点菜才好，毕竟商务活动的宗旨是"客户满意为主"，但客户的口味众口难调，你想一桌菜让所有宾客都满意，确实是非常难的。甚至我带的一个销售人员，今年都40多岁了，每次商务活动宴请客户的时候，让他去点菜，他都不愿意甚至不敢点菜，怕万一点不好，影响公司和他的形象，甚至让客户体验不好，导致合作失败，这样严重的后果，给他很大的压力。

我和我的父母姐妹，在同一座城市的不同地方生活，每个周日我们固定要去父母家吃顿午饭聚一下。这是 20 年来养成的习惯，但上个月我妈妈的手臂受伤，于是老爸就决定找饭店聚餐。

老爸提议的在饭店聚餐并且是他联系的单位附属饭店，当然老爸要负责点菜了。于是全家聚齐开饭的时候，发现老爸点的居然都是硬菜，全部是肉类，甚至有四个干锅菜，干锅牛肉、干锅羊肚、干锅小杂鱼、干锅兔，还有一盆蘑菇豆腐肉丸汤。小伙伴们想象一下，一张桌子上摆了四个干锅和一大盆汤，这五道菜几乎就把桌面占满了，老爸点的其他几个炒菜甚至都摆不上去。于是一顿饭下来，喜欢吃肉的把肚子吃得发胀，不能吃肉的，比如我和妈妈都是痛风患者，只能拣一点儿少得可怜的蔬菜叶子垫垫肚子，结果一顿饭吃完，不仅没吃饱，反而饿得头昏眼花。我妈妈 70 多岁，居然连饭都吃不饱，气得当场数落老爸，说他活了一辈子连菜都不会点。70 多岁的老爸也知道自己点菜点砸了，不敢吭声。我呢，吃完饭，又找了个小吃店来了碗面条，这顿饭才算吃饱了。

你看，年龄大不代表你会点菜，也不意味你点的菜能让对方满意。如果你点的菜不合适，即使请客买单，也不能给对方留下一个好印象，这简直是吃力不讨好。

我有个同事，去开拓烟草市场的时候，费尽九牛二虎之力，终于把客户请了出来。他问客户有没有熟悉的饭店推荐，客户说没有，这个同事自己也没有熟悉的饭店，只好问正在乘坐的出租车的司机，司机给他推荐了一家海鲜饭店，同事也没多想，就带着客户去了那家海鲜饭店。由于同事自己不经常吃海鲜，所以不知道怎么点，就让饭店服务员推荐这家的特色菜。于是服务员说什么这个同事就点什么菜，结果他和客户加起来就四个人，却点了满满一桌子菜，这么多的菜不仅吃不完，而且这些海鲜特别贵，四个人居然吃了一万二，这个同事不但有被宰的感觉，这顿饭还超出了公司的报销标准，不得不自己买单。你看，我这位同事由于不会点菜，不仅客户关系没有提升多少，还失去了公司领导对他的信任。

那么商务活动中，有哪些点菜的规矩礼仪呢？我们应该怎么做才能使每一个人满意？记住两句话，你也可以是点菜达人！

第一句，看人下菜碟。

第二句，遵循先冷后热、三优三忌的点菜原则和礼仪。

我们先说第一句，点菜为什么要"看人下菜碟"。

毋庸置疑，虽然说人人都是平等的，但是职位却有高低之分，职位越高的人手中的权力就越大，越能影响我们的工作结果；而职位低的人，可能甚至都没独立的决策权，对我们工作的结果影响甚微，甚至没有影响。那么，从重要性来说，对职位高的人多一点儿尊重也是理所当然的。但当我们真正做到对职位高的人尊重多一点儿，待遇好一点儿，则难免被人诟病不能对所有人一视同仁，有点儿势利眼的感觉。

但是，小伙伴们，看人下菜碟，看似势利眼，实则却隐含着为人处世的大智慧。仔细想来，我们这一生中，会和许许多多的人打交道，重要的、不重要的，支持你的、反对你的，对你情深义重的、对你虚情假意的，为你两肋插刀的、背后插你一刀的……如果我们用同样的方式对待这些不同的人，我们就是毫无原则的烂好人，是一个分不清轻重的人，是"眉毛胡子一把抓"的人，这样的人，也是一个失败的人。

待人接物、吃饭点菜，唯有不同的人不同对待，才是分得清主次。

看人下菜碟，具体如何在商务点菜中体现呢？

什么级别就予以什么待遇。我们日常商务吃请，如果吃请的对象是普通员工，则普通标准对待，两个人一顿饭一二百元即可；如果是客户的中层管理者，一顿饭吃个三五百也是正常普遍的行情；如果请的是客户高管，两三千是必须的。这就是看人下菜碟，看级别定标准。

那么第二句"先冷后热、三优三忌"是什么意思呢？

在商务宴请中，我们普遍的习俗和规矩是：上菜先上冷盘，接下来是热炒，随后是主菜，主菜之后，服务员会上主食，代表这个桌子的菜全上齐了。一般情况下，饭局的最后是上果盘，这是暗示饭局已经快结束了，你们再聊几句就闪人吧。

先冷后热是上菜的次序，但是点菜的次序是什么呢？也就是三优三忌。

"三优"是指优先考虑的菜肴有三类。

第一"优"是优先点中餐特色的菜肴。正常情况下，宴请的对象都是中国人，中国人显然习惯中式菜肴，是绝大多数人喜爱的和吃得惯的，所以点菜的时候优先点中国特色的菜肴。

第二"优"是优先点有着本地特色的菜肴。比如在安徽，点上一道臭鳜鱼；在西安，点个羊肉泡馍；在湖南，青椒炒肉必不可少；在北京，烤鸭和涮羊肉值得考虑。无论任何地方，都会有些具有本地特色的菜肴，上些特色菜，可以体现出主人招待客人的热情乃诚意满满。

第三"优"是指优先点本餐馆的特色菜。几乎每个餐馆，都有自己的特色菜，上几道本餐馆的特色菜，不仅能说明主人热情好客，还表现出对客人的尊重，给客人一种受尊崇的感觉。

"三忌"主要是点菜的人在安排菜单时，要提前主动询问各位宾客有没有特别忌口的，这些饮食方面的禁忌主要有三条。

第一"忌"是一些地区的人，或者有宗教信仰的人有饮食禁忌，必须加以注意。比如，新疆、甘肃地区的人通常不吃猪肉，并且不喝酒。国内信仰佛教的人不吃肉食，甚至葱、蒜、韭菜、芥末等气味明显的食物也不吃，由于宗教信仰表面上难以分辨，所以在点菜前，我们一定要主动询问对方，有没有特别忌口的。这既是礼貌也是对别人的尊重。

第二"忌"是由于健康原因，不能吃某些食品。比如，像我这样痛风的人，是不能吃动物的内脏，也不能喝白酒的，否则就会导致痛风发作；一些高血压、高胆固醇血症患者，不能喝鸡汤；等等。如果请客的人事前不问，而有隐疾的人又管不住自己的嘴的话，可能一时贪杯或贪吃，吃了不该吃的，喝了不该喝的，结果导致自己的病情发作，反而把宴请这样的好事变成了坏事。所以，请客的人，在点菜的时候，一定要问每一个人有没有什么忌口，这样可避免后续的诸多麻烦。

第三"忌"是有些特定职业，在用餐标准方面也有各自的禁忌。比如，我在一次"给留守儿童送温暖"的公益活动中，作为工作对接的对象，某县某乡某村的村主任，看我们做公益的团队忙到中午还没吃饭，于是邀请我们一起吃饭。国家在这样的公务宴请时是不准大吃大喝，有用餐标准的，所以你不能以自己喜欢喝酒为理由，要求喝点儿小酒，这样就是违反政策，让别人犯错误，实乃不理智。

　　商务接待无小事，宴请招待也要礼数周到，这样客人才不怪罪，所以，点菜事小，但众口难调，想让所有人都满意就非常有难度，因此，我们作为点菜的人一定要遵循"看人下菜碟，看级别定标准"和"三优三忌"的原则，这样全面考虑，就能未雨绸缪。当我们把每一个有隐患的细节都注意到并加以提醒和防范的时候，相信被宴请的人也会感觉受到了我们的重视和尊重，自然会对我们留下非常好的印象。

气氛调节：如何活跃气氛，让说话办事水到渠成

饭局吃的是饭，谈的是感情和看法，谋的是合作和利益，所以仅仅把饭局的沟通谈话理解为"表现自己的感情和看法"是片面的，因为你还需要了解饭局中他人的看法和意愿，这样才能有共同的基础，达成合作。所以最好的饭局谈话氛围是各方都进行信息互换、兴趣分享和思想交流。

很多人参加饭局都会有这样的感觉：和有的人一起交谈，会觉得谈得很尽兴，越谈越投机；而和有的人一起交谈，总感觉很别扭，不能畅所欲言。造成这种不同感受的因素很多，其中关键的一条是谈话气氛是否活跃，这要看饭局的组局者是否把话题引导到对方感兴趣的、擅长的、喜欢谈的、想了解的话题，这是饭局谈话能否顺利展开的前提。

那么，怎样引导话题，营造一个良好、和谐的饭局谈话气氛呢？抓住下面三个重点即可：

第一，关于交谈内容，要提前准备几个热点事件、趣事、故事等，能引起多数人的共鸣，营造饭局的愉悦气氛。

朋友、同事相聚，最忌唱独角戏，大家当听众。成功的社交模式应是众人畅所欲言，各自都表现出最佳状态，实现自己想要的效果。为达到这一目的，就必须寻找能引起大家最广泛共鸣的内容。有共同的感受，彼此间才可各抒己见，仁者见仁，智者见智，谈话气氛才会热烈。所以，你若是饭局活动的组局人，一定要把活动的内容同参加者的好恶、最关心的话题、最擅长的拿手好戏等联系起来，尽可能地调动大家的谈话热情，以免出现一个人兴高采烈地说、其他人漫不经心地听的局面，这样的效果肯定不是我们想要的。

有一次给广东一家企业培训，企业的老板和几个高管晚上请我和助理吃饭。当我知道培训有晚上聚餐的安排时，我就在考虑，虽然是对方的老板亲自请我吃饭，但是，我是做培训的，对方毕竟是我的客户，因此，我要为饭局做一些规划，让客户老板感受到请我培训带来超值收获。

我设计的沟通策略就是请教法，在饭局上当着其他高管的面，向老板请教："现在市场竞争那么激烈，你是如何做到逆势飞扬，把两三个人的小公司带到广东省市场份额第一名的？"

每个人都有好为人师的一面，喜欢把自己最自豪、最光彩的部分展示给他人看，饭局上我向老板请教，老板也很高兴，一口气说了10分钟，讲了他是如何从小白到创业老板的。我呢，积极地和他互动说："你这样有想法地去做生意，成交的案例都非常精彩，我强烈建议你把自己的做单经历写成一本书，一是出书后能更好地通过你的案例，向你们公司的员工传授你做生意的先进经验，员工能更好地借鉴你书里的经验，更好地成长；二是出书有利于公司的品牌形象，还是不错的。我可以帮忙联络这件事情。"

老板对出书有很大的兴趣，于是，我和他之间的关系就变得更加深厚，以前仅仅是培训者与被培训者的关系，现在呢，还有客户老板委托我帮助他出书的事情，这样合作多了，关系也更加紧密了。

你看，这就是事前准备故事、热点事件、对方关心的事情的好处，它让你一下子抓住对方的心，轻松地把事情办成。

第二，交谈要口语化，不要打官腔，倾听时做一个好的倾听者。

口语来自生活常态，它自然、灵活、通俗、生动，而且，口语化不仅仅是一种表达方式的选择，更重要的是营造了一个自由、平等、开放的谈话空间。我们很讨厌别人打官腔，一旦对方这么跟你说话，你就知道已经没有任何再谈下去的必要了。口语化营造的亲切氛围，让双方更愿意敞开心扉，拉近了心的距离。

朋友间随意的语言，使组局者好像在聊家常，这样普通、常见的氛围解除了客户的顾虑，客户放下了担心，也变得随意起来。当被邀请的人说话的时候，记住，我们要耐心地听他说完，做个好的倾听者，时不时地微笑、点头，或说一些赞同的话，如"是的""你这样说没问题的"。倾听别人不仅显示出我的素养，更是一种礼仪和对他人的尊重，很容易得到别人的赞赏。

第三，要找话题，引导饭局目标人物多说，打开他的话匣子，把舞台交给他。

饭局上，想主宾双方谈话热烈，气氛活跃，我们要了解对方的爱好和兴趣，在对方的爱好和兴趣话题上做文章，比如对方喜欢唱歌，我们就可以针对一些歌星的八卦新闻和歌唱特点去和对方沟通，我们可以问："张总，很多人都说周杰伦是歌神，但是我总是感觉他说话都不利索，究竟他的歌哪点好呢？"通过请教式找话题法，一下子就打开了对方的话匣子。

除了请教法找话题，我们还可以用以下几个方法找话题：

第一，热点话题法。

选择人们关心的热点事件为话题，抛出一个观点，引出大家的议论，导致"语花"四溅，形成广泛的讨论。这类话题是大家想谈、爱谈，又能谈的，人人有话，自然就谈得热闹了。

第二，投石问路法。

先向河水中投块石子，探明水的深浅，才能有把握地过河。与陌生人交谈，先提些"投石式"的问题，了解对方，再有目的地交谈，便能谈得较为投机。比如在宴会上见到陌生的邻座，可先询问："您和主人是老同学呢，还是老同事？"然后可循着对方的回答交谈下去，如果对方回答说是老乡，还可以与其谈乡情。

第三，兴趣爱好法。

问明对方的兴趣，也能顺利地找到话题。因为对方对最感兴趣的事，总是最熟悉、最有话可谈，也最乐于谈的。如对方喜欢摄影，便可以以此为话题，谈摄影的取景，相机的选择，各类相机的优劣，等等。如果你对摄影略知一二，那定能谈得很融洽；如果你对摄影不了解，也可借此大开眼界。

但有时候饭局上是和陌生人在一起，了解对方的爱好就有点儿困难了，这就需要我们特别留意别人向自己介绍陌生人时的信息。例如，当听到"王先生生意做得很大，刚刚从美国回来"时，我们就可以向他提一些关于美国的见闻，还可以请他谈谈在那里的感受，或者仅仅表示有机会听到些那遥远地方的消息，感到非常高兴。这样，或许可以很快加深你对他的了解。

有时候饭局中陌生人的信息太少，我们还可以谈自己的情况来启发、激励对方谈他的情况。

一般而言，自己说得越多，别人就越了解你，而别人说得越多，我们就越了解别人，所以，是自己说还是让别人多说，这是根据自己的目的决定和变化的。如果我们是组局者，我们就尽量鼓励对方多说，因为我们组局一般都是有求于别人或想和别人建立一种较为亲密的信任关系，所以我们就要让对方多说，把舞台给客户，让客户成为主角，他势必会感觉非常愉快。而人在心情愉快的时候，做出的决定也是善意的，更有利于我们的谋划成功。

劝酒敬酒：如何敬酒、劝酒和拒酒，体面又不伤人

一般来说，让销售人员比较容易出问题的是酒局，里面名堂繁多，规矩复杂，稍微不留神就容易犯错。一般正式的商务场合酒局有六个阶段：

第一阶段，开场的"共同酒"。喝多少你得看主场，山东讲究主副陪轮流领酒，共同干杯；而河北的很多地方习惯共同喝前三杯。不同地方有不同讲究，咱们一定要注意。

第二阶段，东道主开始敬酒。这时候一般都是东道主或主陪率先从主宾开始，依次向每一位客人敬酒。这个阶段的顺序意识很重要，如果你是客人，可千万别在这个时候为了表示你的谢意去回敬主人，因为还没到该你出场的时候呢。

第三阶段，你作为客人，就可以回敬了，由你方领头人，带着大家先共同回敬，然后再分别回敬。这里也千万要注意自己在团队里的身份，如果有领导在，一定是领导先回敬完，下面的销售人员再跟着回敬。

我公司的一个金牌销售就曾经因为在酒桌上犯了忌讳而被开除了。

事情的起因是我公司派出优秀销售人员团队去山东工厂培训，工厂设酒宴欢迎我们去实习。在酒桌上，东道主中职位最高的人敬了第一杯开局酒之后，第二杯酒是东道主中职位第二高的人敬祝酒词，这在酒桌上叫副陪，山东酒桌的规矩是主陪（最高职位者）和副陪敬过酒之后，第三杯酒应该是由被邀请参加酒局一方的最高领导来回敬东道主，第四杯酒一般就进入了主人和客人自由敬酒的阶段。

　　意外发生在第三杯。当东道主的主陪和副陪都敬酒完毕之后，应该由我方带队的领导来回敬主陪，大家一起喝这第三杯酒。但是，由于我方带队的领导性子比较慢，迟迟没有举杯敬第三杯，而我方有一个金牌销售，恰好性子比较急，他看带队的领导迟迟不举杯回敬，以为山东酒局没有这个环节，已经进入了自由敬酒的环节，于是就很突兀地站起来敬东道主的主陪。这一下表面上看没什么，但是严重违反了酒桌规矩，从东道主的角度来说："你有什么资格敬我酒呢？你一个小小的销售人员就能直接敬我的酒，这不是存心侮辱我吗？"于是，东道主没有接受敬酒，只是说："不要急，等一会儿再喝。"金牌销售的酒没有敬成功，很是尴尬。而带队的销售领导，认为这个金牌销售越俎代庖，不懂规矩，擅自做主容易给公司带来危险，危害性大，所以回去之后就向销售总监汇报了此事，这个金牌销售就被开除了。所以小伙伴们一定要注意，不要在这个阶段犯错。

　　有的小伙伴可能会问，在酒局上，如果客户和领导都在，我们应该先敬谁比较合适呢？如果先敬客户，是不是轻视了领导，担心领导不高兴；先敬领导，又怕怠慢了客户，担心客户不高兴。其实先敬后敬不重要，重要的是怎么去敬，你可以记住两个词，分别是"荣幸之至"和"借花献佛"。

如果先敬客户，就是"荣幸之至"，你可以这样说："黄总，经常听张总跟我们说以后要多向您学习，今天能跟您一起吃饭，我们感到荣幸之至，也当着我们领导的面敬您一杯。"

如果要敬领导，我们要连续敬两杯，敬完领导要马上敬客户，就用"借花献佛"，你可以这样说："黄总，感谢您对我们的栽培，更感谢您给我们这样的机会与张总共进晚餐，我们敬您一杯。张总，我们今天借花献佛敬您一杯，希望在以后的工作当中，您能给予更多的指导，多提宝贵意见。"

这个环节结束，就到了酒局里的第四阶段，喝"主题酒"和"重点酒"。根据被请者与主题的关系，把主题点出来，喝进去，使桌上人明白是为啥喝这场酒。

这第五阶段呢，就是"自由酒"阶段了。跟谁脾气相投，就可以过去跟他喝杯"相见恨晚"酒；跟谁还有未了的话题，可以用酒来讨教，尤其是带着任务来的，一定要抓紧时间落实任务。销售人员的酒局，往往都是有重要目的才请客的，所以前面的几个阶段，我们按照基本步骤走即可，因为我们的本意不是吃饭，也不是喝酒，而是借助酒局酒桌，传递某个物品或提出某种需求，只要我们能把物品或需求传递给客户，那么我们的这场酒局就是成功的。相反，酒喝得再好，但是酒局的目的没有达到，也是做无用功。比如想通过酒局实现催要货款的目的，但是人情过度，喝酒过度，客户喝多了，没有对我们催要货款给一个承诺，那么我们这个酒局就失去了价值。

有一次，我去贵州找某客户催要货款，就把客户请了出来。客户带了三个同事一起来参加酒局，因为酒局上只能喝酒聊天讲一些趣事，不能和客户谈催要货款的事情，所以我就一直等机会。酒过三巡，客户上卫生间。客户前脚走，我后脚也说肚子疼要上卫生间，于是我和客户一前一后出去了。在卫生间里，我给客户说了一句话："张总，货款的事情麻烦你帮我处理一下，我这里的政策是 3 个点返给你。"

客户听了之后，"嗯"了一声，表示知道了，于是我知道这个酒局的价值和目的已经实现了。果不其然，第二天我去客户公司，客户的财务部很爽快地把以前久拖不还的货款给我了。所以，实现目标，才是销售人员组酒局的意义。在合适的时机办正确的事，才是酒局的成功之处。

第六阶段，也就是酒局的最后，差不多该散席了，主陪一般都会发话，大家"各扫门前酒，共喝满堂红"。这杯酒喝下去，意味着酒局正式结束了。

以上是正式的酒局喝酒流程和敬酒节奏。中国式的酒局，举手投足间皆为人情世故，除了喝酒流程和敬酒节奏，还涉及一些敬酒的礼仪、劝酒和拒酒的技巧。

先说说敬酒的礼仪。不是所有的酒局都需要轮番敬酒的，一般的聚会，大家集体敬一次就可以了。另外，还需要顾及客户、领导的酒量，对于酒量一般的人，你不给他敬酒，他还会感谢你，你多次给他敬酒，他反而觉得你是故意为难他。

自己职位低的时候，记得要多给领导和客户添酒，不要随便帮领导代酒。我们公司之前有一个销售人员，跟领导一起出去请客户吃饭，因为领导的酒量不是很好，客户又一直劝酒，他就觉得是个表现的机会，可以帮领导挡酒，但是他当时说的一席话，让领导非常不高兴，他直接说："不好意思啊张总，我们领导酒量不行，我替他喝吧。"在公共场合，领导最忌讳的就是暴露缺点，所以回去的时候，领导就把这个销售人员一顿批评。

那在这种场合要怎么说才能既顾全领导面子又不让敬酒的人尴尬呢？你可以这样说："领导，张总今天安排得实在是太到位了，尤其这酒是真不错，您看能不能让我多来分享两杯。"你看，强化自我意愿，先夸赞再请示，既照顾了对方的面子，又给了领导台阶，皆大欢喜。

如果没有特殊客户在场的情况下，敬酒应以年龄大小、职位高低等为先后顺序。当然，如果是平辈或平级，按座位顺序就好了，可按照逆时针顺序来。注意一定要把握好次序，切勿中途颠倒。桌面上不谈生意，不谈需求，但不代表一场酒局里你什么都不说明白，办酒局的目的，还是要私下里找机会跟主事人说清楚，一两句话点透，然后迅速回到酒局当中。酒席间，如果说错话或者办错事，一定要记住不要申辩，可以自请罚酒，活跃气氛。

如果酒局上被邀请的客户或者领导较多，你的酒量一般，也担心自己一个人面对一群客户或者领导，可能把场面搞砸，这种情况可以叫上一个比较能喝的同事一起，两个人分摊敬酒，提前跟大家说清楚，比如你可以这样讲："我跟某某一起给大家敬酒，某某就代表我，我就代表某某，也就是说我敬过了某某就不用敬了，某某敬过了我也不用敬了。"这样敬酒，可以避免喝得过多，也可以得到大家的谅解。

敬酒不要图快，一定要把握好时机，等到职位比自己高的人敬过之后，你才可以跟上敬酒。给领导敬酒时要站起来，右手握杯，左手垫杯底，自己的杯子永远要低于别人。敬别人酒时，如果碰杯了，切不可比对方喝得少，未碰杯则可视情况而定。还有一点要提醒一下，在领导和客户交谈的时候，一定不能过去打断，如果你想敬酒，一定要等大家都闲下来的时候，因为如果双方正沟通到某个关键点，你盲目敬酒，很可能会破坏谈事的好时机。

说完敬酒的礼仪，很多销售人员最头疼的是不知道应该怎么说敬酒词，这里可以给你几个公式，需要敬酒的场合一般分为两种，给领导敬酒和给客户敬酒。

首先，给领导敬酒，可以用这三个公式：

公式一：赞美＋感谢＋敬酒。

你可以这样说："张总，公司在您的带领下发生了翻天覆地的变化，我加入公司以后，得到了很多锻炼的机会，非常感谢您，也非常荣幸能够加入公司、遇到您，这杯酒我敬您！"

公式二：赞美＋回忆＋敬酒。

你可以这样说："张总，我敬您，您是我见过的最有耐心的领导，记得我刚来公司时，啥也不懂，是您特别有耐心地教导我，非常感谢，祝您事事顺意！"

公式三：表态＋敬酒。

你可以这样说："张总，我敬您，接下来的日子，我们一定好好努力，早点完成公司给我们的任务，也祝您身体健康，事事顺意！"

其次，给客户敬酒也有公式：**感谢＋谦虚＋展望未来。**

一般我们敬客户，都会表达长期合作的期许，那么我们可以这样说："王总，感谢您对我工作的信任和支持，之前有什么做得不好的地方，还请您多多包涵，如果您对我的工作有什么意见或者建议，请一定要告诉我，我一定虚心接受，也希望我们以后的合作更加愉快。这杯酒敬您，祝您新年快乐。"

说完了敬酒的礼仪，我们再聊一聊倒酒的礼仪。这在销售的酒局里也是必不可少的，大家必须了解清楚，千万不要犯错。

倒酒站位：出于礼貌应该走到对方身边去倒，而不是在别人的对面拿着他的杯子倒。

倒酒的量：倒白酒的时候，我们知道"杯满为礼，不溢为敬"，但是通常只要倒到酒杯的八九分满就可以了，这样在端起敬酒的时候也不会洒出来。

倒酒姿势：倒酒的时候，注意力度，缓缓倒酒，在快要结束，瓶口抬起来时，把酒瓶旋转半圈，让瓶口上的酒滴沿瓶口自然流淌下去。

最后一部分，就是如何拒酒。

有劝酒就有拒酒，拒酒的时候有个禁忌：不要东躲西藏，更不要把酒杯翻扣过来，或将他人所敬的酒悄悄倒在地上，这反而是不礼貌的行为。

在自己无法喝酒的情况下，应主动要一些非酒类的饮料，并说明自己不饮酒的原因，但不要说太多，态度真诚礼貌。在这里，色哥也教你几个婉拒的方法：

第一招是态度很想喝，但是客观条件不允许。举个例子，你可以说："今天好不容易大家聚在一起，真的很开心，本来是想跟大家一醉方休，不醉不归，可是我前段时间刚好做了一个手术，医生说一定不能喝酒，所以我今天给大家做个承诺，等我病好了，一定再请大家聚聚，到时候我们不醉不归怎么样？"

第二招是找好同盟。就是在酒局之前，可以先找朋友或者同事商量好，如果有人来敬酒，你的朋友或者同事就可以这么跟他说："小张不能喝酒，他酒精过敏，上次跟他喝完直接进医院了，浑身起红疹，可把我吓坏了，来，咱们俩喝。"这样就可以把拒酒的难题破解了。

第三招是制造新难题。比如你可以说："我中午 12 点还要赶回去开个会，跟领导汇报资料，如果您帮我把这个做了，别说一杯酒了，就是一壶酒我都陪您。"这里要注意的是，千万不要说自己昨天的酒局喝太多了，今天不能喝，或者晚上还有一个酒局，现在就不多喝了，那会显得这个酒局的人不重要，让对方多想，从而心生不满。

第四招是表达恐惧。 比如说这个时候有人过来敬酒，说："你不喝酒就是看不起我。"那这个时候你可以说："兄弟，不是我不跟你喝酒，我可是把你当君子的，君子之交淡如水，以茶代酒也很美，只要感情有，喝什么都是酒。"我们可以说一些这样的俏皮话，然后再端上酒杯一饮而尽，当然，酒杯里面装的肯定是茶水。

如果对方一直劝你一定要喝酒，那该怎么办？这个时候你就可以这样说："兄弟，我真的不是不想跟你喝酒，是身体真的不允许喝酒，我喝完这杯酒之后直接就进医院了，我不是怕死，我是怕连累大家，而且我也不是看不起你，我是看不起病。"

一定要多说俏皮话缓解气氛，给对方台阶，也给自己找好理由，才是最好的婉拒方法。需要注意的是：酒桌上我们可以不喝酒，可以婉拒酒，但是我们不能当"大爷"，我们最好做酒桌上的"服务员"，比如专门帮人倒酒的"酒司令"，或者讲几个段子活跃气氛，等等，这样婉拒酒不仅不会让你脱离酒局的酒场，相反由于你有给酒桌上每一个人倒酒的机会，你会成为酒桌上不可或缺的人，这样的婉拒不仅体面，让人容易接受，而且对酒桌上的其他人更有价值，你也更能融入酒桌沟通里。

话术铺垫：
如何开口求人，让人愉快应允

为什么会哭的孩子有奶吃？

为什么你为别人付出越多，对他越好，就越得不到他？

很多小伙伴对开口求人有个误解，认为开口求人好像自己低人一等，感觉会给对方带来麻烦，对方可能会反感自己，总之不是一件好事，因此很多人习惯"所有的问题都自己扛"。这样的误解会让自己的生活变得简简单单，是件好事，但是当你选择"简单"的时候，同时也会失去"出彩"的机会。实际上，开口求人不仅不会给对方带来麻烦，你的请求反而会给对方一个与你亲近的机会，一个成为朋友的机会，这在心理学上叫"富兰克林效应"。

1737 年，还未成为美国国父的富兰克林第二次被提名宾夕法尼亚州议院的议会秘书，另一位议员反对选举他，发表了一篇演讲，强烈地批评了富兰克林。

富兰克林有点儿措手不及，但是又想争取这位议员的支持。怎么办呢？

富兰克林无意中得知这位议员家里正好有一套非常稀有的图书。于是他十分诚恳地写了一封信，厚着脸皮向这位议员借书，没想到议员竟然同意了。一周后富兰克林还书时郑重地表达了谢意。几天后当他们再次在议会厅见面时，富兰克林是这样描写的：他竟然主动跟我打招呼（以前从来没有过），后来我们谈话，他还表示，自己任何时候都愿意为我效劳。

从此富兰克林和这位议员化敌为友，两人终生保持着友谊。

这就是富兰克林效应，相比被你帮助过的人，那些曾经帮助过你的人会更愿意再帮你一次。这是一个颠覆很多人认知的理论，心理学家们根据富兰克林与议员交往的案例得出一个结论：让别人喜欢你最好的方法不是去帮助他们，而是让他们来帮助你。

所以，"关系"是开口求人麻烦出来的，你明白了吗？如果你理解了这个道理，那么无论是在日常工作还是商务饭局沟通中，我们都可以利用富兰克林效应寻求合作，拓展人脉。小伙伴可能会说，道理已经懂了，但是在饭局中，究竟如何做到开了口，别人就能愉快地答应呢？否则，被人拒绝多不好意思啊！

实战中，学会下列两招非常有效！

第一招：以情感人，以正能量的语言点燃对方的人性光辉，引导对方主动帮你。

《鬼谷子》中说，人类的语言分为阴、阳两种属性，长生、安乐、富贵、尊荣、显名、爱好、财利、得意、喜欲等有美好寓意的语言为"阳"，也就是"人生向往型语言"；死亡、忧患、贫贱、苦辱、弃损、亡利、失意、有害、刑戮、诛罚等有消极寓意的语言为"阴"，也就是"人生忌讳型语言"。我们可以用"人生向往型语言"来说服对方进行某事，以谈论积极的因素、振奋人心的方面来开始游说鼓动的主题；用"人生忌讳型语言"来影响对方中止做某一件事。

中国人有个习惯，生活也好工作也罢，只要遇到困难和矛盾都喜欢组织一个饭局来沟通解决，但是饭局上怎么吃却大有学问。首先一定记住，在饭局上不要过早暴露你的想法，我们吃这顿饭是为了熟悉彼此、增进感情，有了感情基础再谈合作就顺理成章了，所以饭局开局气氛要热烈，说一些推崇、感谢的话，其间你要轻松地找共同话题，闲聊的时候不能只听不说话，但也不能刻意地奉承，会显得你这个人特别不真诚。我们可以在对方擅长的领域多请教，然后顺其自然地敬酒："领导您真的是阅历丰富。"其实托人办事，只要人来了就已经表明了态度，入局的人都懂，为什么来大家也都心知肚明、心照不宣。所以建议大家一定是在整个饭局酒过三巡、菜过五味之后，每个人都有点儿精神恍惚、醉眼蒙眬的状态下，把你的目标人物单独邀请到一个角落，再把你的事情描述一下，但切记不要提要求，说话留一半，轻描淡写地画龙点睛。这样能最大限度地消除对方的戒心，而赞同我方的提案。

2015 年我去新疆销售某个设备，当时拜访了某大学基建办的刘工，去了两次之后，我把刘工请出来吃烧烤，在快结束的时候，我就对他说："刘工啊，我跟你说句我的心里话，这是我第一次到新疆乌鲁木齐，你是我认识的第一个客户，是我在这里的第一个朋友，我觉得我们两个又谈得很投机，这份缘分和友情真的来之不易。我呢，是安徽人，也不会在乌鲁木齐待很久的，可能在乌鲁木齐待一年就回去了。你记住我今天说的话，你以后如果出差到安徽，不管怎么样都一定要给我打电话，让我尽地主之谊。"

我这一番比较煽情的话一讲，刘工听了之后非常感动，从那之后，他就把我当作他的朋友，在后面的工作中对我多加照顾。

你看，这就是饭局上"以情感人"的价值，不花多少钱，还能办大事。

第二招：依据承诺与一致原则，用顺推法巧妙开口，让对方不得不帮你。

你有没有固执的时候？有没有过自己做出了一个选择，在事情进行到一半的时候发现选错了，但是因为是自己选的路，所以尽管非常痛苦，含着泪也坚持把它走完了？

你到一家水果摊前想买橘子，但还没下决心，这时候老板笑容可掬地说："这橘子很甜的，你尝一下吧，没关系。"然后热情地递给你一个橘子。你接过来尝了一下，老板问："怎么样，还可以吧？"面对老板犹如春风拂面的笑容，你可能出于礼貌回答："还可以。"接下来，你有非常大的概率会买几个橘子。

无论是"自己选择的路含着泪也要走完"，还是因为吃了水果摊老板一个橘子，说了一句好话，最后碍于情面不得不买几斤，这些平常看起来不起眼的小事，其实里面有个重要的心理学原理，叫"承诺与一致原则"。所谓承诺与一致原则，是指一旦我们做出了一个选择，或采取了某种立场，接下来的行为会尽可能地符合自己的承诺。

承诺与一致原则应用在销售中，就是销售人员要先让客户做出承诺，然后客户的言行会尽量与承诺保持一致，去兑现自己的承诺。

饭局中，我们也可以用承诺与一致原则，先让客户肯定某件事，然后再顺着他的肯定让他答应帮助我们。举个例子：

我："张哥，你刚才说，你有个同学在市环保局工作？"

张："是啊，那可是我的发小，有什么事情说一下，保证没问题。"

我："我们公司正好有个新建的小项目，需要做环评，你看能不能麻烦你给他打个招呼，我去看看要办一些什么手续？"

一般情况下，我们依据承诺与一致原则，让对方肯定了某事之后，再开口求他，对方十有八九会同意，否则，那岂不是失信于人，自己打自己的耳光？

所谓亲近，就是亲着亲着就近了。小伙伴们，艺不在多而在于精，不管你性格是内向还是外向，你都要知道，主动麻烦别人，是与其亲近的一条捷径。你不主动麻烦对方，和对方没有交流，就没有感情；而你主动麻烦对方，一来二去互动多了，就产生了感情。所以，你不要怕麻烦对方，你甚至要主动麻烦对方。如果和对方有了感情基础，那么遇到一些事情需要开口求他，只要掌握"以情感人"和"承诺与一致原则"两招，你就能在谈笑间让对方不知不觉地答应你的请求。

临场加分：掌握"送"的技巧，"对"比"贵"更能助你成事

朋友亲戚生病，你去看望他，总不能空着手，最少要带一捧鲜花表达心意；领导同事搬迁升职，你去贺喜，总得包个红包，以表诚意。你看，人与人之间的感情也具备物质性，只凭两张嘴是无法建立友好关系的，也要有点儿物质上的交流，所以我们要运用一些小礼物来经营与他人的关系。但人往往又是很矛盾的，对方想要却不好意思，所以表现出不愿接受的样子来，这就要求我们在送礼时讲究一点儿技巧。

送礼是流传千年的一种习俗，也是现代社会拉近、改善关系的媒介，送给谁、送什么、怎么送等都有其约定俗成的规矩，绝不能瞎送、胡送、滥送，否则会事与愿违，甚至招惹一身麻烦。比如，过年了，你送家里老人一个钟表，那估计是要被老人拿拐杖赶出来的；在上海，有个人到医院看望病人，带了一袋苹果去慰问，正巧那位病人就是上海本地人，因为上海话中"苹果"跟"病故"二字发音相同，送苹果岂不是咒人家病故，由于送礼人不了解情况，弄得不欢而散，没有起到效果不说，反而闹得不愉快。

当然，饭局中的送礼，明显和生活中的送礼是不一样的。饭局中的送礼更具目的性，因为客户对我方已经心动，所以被我方请了出来，组了饭局，我方的目的不在吃饭，不在喝酒，也不在送礼，而是重在双方沟通的事情能否有结果，即使当时没能沟通成功，也要为后续的再次沟通留下伏笔。

所以，饭局上的送礼实际上要具备两种效果：第一种效果是锦上添花型，当饭局中主宾已经敲定了大局时，送礼只是让客人多一分好感，加强合作的感情黏度；第二种效果是一锤定音型，当对方的态度处在观望犹豫阶段，没有确定最终选择时，我方送礼则要贵且准，起到一锤定音敲定结果的效果。

我们先说说第一种**锦上添花型送礼**。

饭局也好，日常工作也罢，我们最好在与有业务利益往来的人沟通时，常备伴手薄礼送给他们。为什么呢？很多小伙伴可能会感到不解，可能会抱怨："偶尔送一次可以，经常备小礼物送人我可吃不消，积少成多也是一笔大钱啊！"在此，色哥很郑重地告诉你，有些事有些道理，我们现在不懂，但是当我们懂的时候可能就错过了，所以色哥以一个真实案例让你明白，不管你有多少顾虑，想在销售这块儿比一般人走得快、赚得多，你就必须经常送给客户伴手礼。

我在 2021 年给安徽的一家电力设备企业做销售培训。这家企业销售额在 5 亿元左右，老板是个女企业家，50 岁上下，我就问她："你在拜访客户的时候，经常送伴手礼吗？"

"当然了，陌生的客户我也要送伴手礼，不然谁理你啊。"小伙伴们，听一听，这是一个销售额 5 亿元的女企业家的日常操作，她也经常送伴手礼。其实我拜访了不少于一百个企业家，都问过这个问题，他们也都坦承经常送伴手礼。

那么为什么这些企业家都自发送伴手礼呢？因为送人小礼物能触发心理学上的"互惠效应"，心理学中的互惠原理是指，如果一个人对我们采取了某种行为，我们也应该报以类似的行为，简单来说就是受人恩惠就要回报，如果不回报就会有内疚感和负债感。即使是一个陌生人，哪怕是一个不讨人喜欢或不受欢迎的人，如果先施与我们一点儿小小的恩惠，然后再提出自己的要求，也会大大提高我们答应这个要求的可能。这个使我们产生负债感的恩惠并不一定是我们主动要求的，它完全可以是强加到我们头上的。但即使这个好处是不请自来的，这种负债感还是照样存在。

所以，小伙伴们明白了吗，小恩小惠送出，就一定会触发"互惠效应"，对方就一定会回报我们，而且是超值回报我们，所以你还在考虑送不送伴手礼吗？

礼，既然要送，那我们送什么呢？记住一个标准：**先买对的，后买贵的。**所谓对的，是指对对方而言是有用的，而有用的是指吃的、玩的，以及对他人工作或娱乐有价值的。比如吃的，便宜的有口香糖、巧克力、砂糖橘等，贵的有茅台酒、龙井茶等；玩的，便宜的有给对方小孩的玩具枪等，贵的有紫砂壶、手链等；对工作或娱乐有价值的，像车载听歌

U 盘，一个 10 多元，录 3000 首歌，送给客户开车时解个乏，也是不错的选择。贵的就不用多说，一块手表几千、几万、几十万都有，茶叶几百、几千一斤的也多的是。这都是可以做饭局的礼物的。

买对的，前提是我们知道对方喜欢什么，然后投其所好，这是第一选择。客户喜欢钓鱼，我们送个好鱼竿；客户喜欢读书，我们送某个知名作者的签名作。我曾经拜访客户得知，客户有个小孩正在读小学三年级，于是在饭局中，我就送给客户一部小孩子用的学习机，客户收到之后很高兴，因为他的孩子要了很多次，他都没时间去买，而我直接送了一部市场上最好的学习机给他，让他满足了他孩子的愿望，让孩子对他更亲近，这比什么都好。

如果自己临时组一个重要的饭局，实在不知道来客的喜好，无法在送礼上投其所好，买到对的，怎么办？那我们就送贵的。比如，异地的客户总经理忽然来我所在的城市公干，我知道后该怎么做？首先，不管他有没有预订住宿酒店，我们都要第一时间欢迎他的到来，然后表态说："酒店我给你订。"记住，一定要订大家都知道的、著名的、豪华的酒店，比如香格里拉酒店等，这是你尊重、在意、关心对方的一种体现。客户由于公干来这里，可能已经订好酒店了，但是，帮客户订最好的酒店的话，我们一定要说到。

住宿最终可能不需要我们解决，但是约饭，是必须的。人在陌生的城市通常感情会脆弱些，这个时候我们借助饭局更容易深入客户的内心。饭局约好后就要准备饭局结束时的送礼，重要的客户，如果我们不了解他的喜好，那么就一定要送贵的，因为越贵越有价值。小伙伴们，人人都有好奇心，我们接受了别人的礼物之后，在无人的时候，会想查一下这个礼物的价格，想象一下，你送给客户总经理的居然是 78 元的一盒茶叶或一瓶酒，这不是侮辱总经理吗？最后你送礼不仅没效果，而且总经理可能就此把你拉黑，再不和你合作了！记住，我们是做生意的，不是日常生活，做生意的人如果小气地对待别人，你觉得能做好生意吗？

所以，饭局送礼要么送对的，要么送贵的，别掩耳盗铃，送一些便宜的东西给客户。客户不傻，他的预期没有达到，就会失望。当客户失望的时候，就是对你关起合作大门的时候。所以，别走了九十九步，却跌倒在最后一步上。

饭局上第二种送礼的形式是**一锤定音型送礼**。

有学员曾经咨询过我这样一件事情：他有个客户，其每年总采购额约有 500 万元，但是只从他这里采购约 100 万元，学员想扩大自己的销售份额，就约这个客户的女采购经理周日出来吃顿饭，采购经理也同意了。但是这个学员发现，采购经理自从周日的饭局之后与他越来越疏远，给他的订单也越来越少了，于是，学员就向我咨询，为什么会这样。

我问学员："饭局那天你和客户说了什么？做了什么？"

学员说："就说了一下我们的产品很好，感谢照顾，希望以后多支持我，其他的就什么也没说、没做了。"

我说："这就是你的问题所在了。想一想，一个女性采购经理，她周日放弃和家人团聚，甚至冒着被老公猜疑的风险来见你，不就是想从你这里得到什么吗？结果你什么也没给她，于是，深深的失望变成绝望，采购经理才会和你疏远啊。"

学员问："她究竟想得到什么啊？"

我说："一个销售人员能给客户什么，你就给什么啊。一个销售人员能给客户的，不就是一个好的政策吗？你想要更多的订单份额，那为什么不给对方更多？"

每个人参加一个饭局，都有自己的考量和期望在里面。如果期望满足了，那么饭局的价值就实现了；如果期望没有满足，那么饭局就是白白浪费时间。所以，我们销售人员一定要预判客户来参加饭局，究竟想要什么，然后再送什么，这样就能一锤定音，敲定合作。

天下熙熙，皆为利来；天下攘攘，皆为利往。我们销售人员不仅给人以名，还要好好琢磨，如何送人以利，来利他利己，以"利"一锤定音。

女性饭局：
告别弱势，女性饭局的聪明应对法

这一节内容，是我专门为女性销售人员而写的，希望跟大家分享一下女性在饭局里的应对技巧。其实在饭局上，女性占有得天独厚的条件，只要利用得好，可以无往不利。聪明的女性往往更能成为饭桌上把握节奏的人，只要你掌握好饭局应对技巧，就既能保护好自己，又能抓住别人可遇不可求的机会。

首先，在获得邀约时，一定要先学会判断，哪些饭局是可以参加的，哪些是可以婉拒的。

职场中一定要懂得取舍，有些事能做，有些事不能做。同样，面对饭局邀约，一个聪明的女性也要懂得取舍，放弃一些低质量的饭局，多参加一些高质量的饭局，这样才能不断地提高自己的圈层关系。

参加饭局之前，先打听一下饭局上有哪些人。如果饭局上有你同工作领域的前辈，这样的饭局是可以多参加的。如果有不同工作领域，但是能够帮到你的人参加的饭局，你也可以多参加，这些人虽然不会直接给你提供工作上的经验，但是打了照面，以后办事可能会更方便。其他那些并不能给你实质性帮助、低质量的饭局建议不要参加。另外还要注意一些人品差或单位里口碑很差的人单独请女性销售人员的饭局，尽量不要参加，这样的饭局往往不能帮助你，你还可能会被饭局上的人故意刁难，患得患失，陷入一个沼泽，最后一无所获。比如客户的一些低素质采购员、技术人员，往往借口能帮到你请你吃饭，实际上在饭局中对女性进行语言骚扰或性暗示，而女性销售人员担心拒绝了会影响生意，但不拒绝这样的语言性骚扰很让人崩溃，所以，不如及早避免进入沼泽。

其次，参加饭局决定喝酒还是不喝酒，要事前规划，并做好准备，不打无准备之仗。

如果不喝，拒酒要讲究策略。你可以使用这四个方法：

第一，烟雾障眼法。 如果不想喝酒，一开始就要反复强调，最管用的理由就是"我今天身体不舒服，特殊时期""现在在备孕""最近在喝中药调理身体"等。只要你演技到位，没有人会逼着抱恙、备孕的女性喝酒。

第二，偷梁换柱法。 一定要知道自己的底线是多少，哪杯必须喝。你喝白酒，我跟你喝红酒；你喝红酒，我用啤酒跟你喝。随大溜喝的，就啤酒换茶水，白酒换白水，身边放个垃圾桶，喝一点儿，倒一点儿。几圈下来，喝不下去了，就借口去洗手间，能躲多久就躲多久，要不就去前台点个果汁，估算着大家喝得差不多，该散场了，再回去收个尾，喝不醉，气氛也不尴尬。

第三，移花接木法。 喝的酒不要立刻咽下去，可装作用毛巾擦嘴，趁机将酒吐到毛巾里。桌前放两个玻璃杯，一杯放白酒，一杯放水。到酒桌上主客基本喝到八分醉时，可用水代酒。如果被识破也没关系，点头微笑，把酒换回来就是了。

第四，花言巧语法。如果以上策略都没有用，能耍赖就耍赖，能拖延就拖延，能撒娇就撒娇，能干小杯就不要干大杯，能小口喝就不要大口喝。没酒量但是懂得运用智慧，巧用女人的优势，也能聪明地躲酒。

需要注意的是，虽然不喝酒，但是话要说到位，你不能闷闷地坐在那里不说话。有时候饭局领导请女同事过去，是希望女同事活跃一下气氛。领导也不一定非要你喝酒，关键是看你的姿态，你把话说到位了，不喝酒问题也不大。你可以提前想好祝酒词，或者提前了解一些参加饭局的人的背景信息，说话的时候可以做到有的放矢。很多时候，女性只要掌握三大秘诀，就能成为饭桌上最受欢迎的人。

第一个秘诀，就是在适当的时候，微笑或者大笑配合。充当好气氛的渲染者，当听到有意思的地方，给予互动和配合，这会让一些特别喜欢在酒桌上展示自己幽默的男性得到特别多的鼓舞。

第二个秘诀，就是要学会用专注的眼神看着别人，倾听别人讲话，并且时不时配合地点头。你的眼神，要表示出你在思考，你在仔细听对方说什么，这样会让人觉得你态度谦虚，并且时不时地点头，会让对方感受到自己被尊重。

第三个秘诀，就是你要在恰当的时候，说出点睛的话来。语言系统最丰富的人有两种，一种叫郭德纲，一种叫于谦。你在饭桌上，要有于谦的那种状态，更多要学会捧，没有男人不喜欢被女人捧着，所以你的语言会让男人更有成就感，而且"捧哏"式的语言，有共鸣、有趣、有料，能够让人看到你的智慧，了解你的魅力，会更为你加分。

色哥之前认识一个女销售人员，她在饭局上最常说的只有三句话，但是几乎所有跟她吃过饭的人，都对她评价极高。她的三句话分别是"您接着说""后来呢""哇！好厉害"。你想想看，在饭局上，如果说话的人没有得到应和，是不是也就失去了聊下去的兴致，要是有人捧哏，能适时地垫上一句话，那话匣子是不是又打开了？

刚才我们说完了不喝酒的应对策略，那如果喝酒，职场中的女性又要如何做呢？

首先，不喝第一口酒，就算自己很能喝，也要悠着点儿，鸟不出头枪不打，低调才是不被灌酒的不二法门。其次，保持态度温和有礼，他强任他强。最后，强化女性标签，懂得示弱，不要跟男士拼酒，更不要主动劝酒。

如果遇到恶意灌酒，可以用以下方法应对：

第一，沉默加微笑。如果有人不怀好意想灌你喝酒，你不要做过多的解释，就简单说不能喝的理由，然后保持微笑。不要发怒，发怒有损自己的形象，也不要拼命找各种理由解释，从始至终坚持一种理由即可。因为你越找理由，越能激发他的斗志，他会不达目的不罢休。你微笑，不理他，他觉得没意思，就不会再劝你。

第二，激将法。这种方法杀敌一千，自损八百，要慎用。如果你有一定的酒量，有人拼命想灌你，那你就一次性搞定他，让他下次见到你就怕。一次性搞定他，当然不是跟他硬拼，要讲究技巧。比如这样说："我酒量真的不行，但是您让我喝，我还是得给您面子。这样吧，大家来做证，您大人有大量，我喝三分之一杯，您喝一杯，怎么样？或者说，我喝一杯啤酒，您喝一杯白酒，怎么样？又或者我喝一杯白酒，您喝三杯，您大人有大量，应该不会跟我计较吧？"这样的话，假如你能喝三杯白酒，他就要喝九杯，九杯白酒最少一斤了，一般他喝完就瘫倒了，所以灌你酒的人是断断不敢的。

别人之所以想恶意灌你酒，就是想不付出代价，或代价在他能承受的范围之内，但为了灌别人一杯酒，自己要付出无法接受的惨重代价，任何人也不愿做这种吃亏不讨好的事情。

有句话说："境由心造。"社会是什么样子，是由我们对它的态度决定的。同样，饭局会有什么结果，其实是由我们怎么看待这场饭局，又如何在饭局中表现决定的。所以发善念，做善事，不打无准备之仗，对可能突发的恶意劝酒、灌酒早做心理准备和应对策略，如此，我们女性销售人员也能驾驭一个商务饭局。

第 5 章

商务说服：
最高明的技法在于攻心

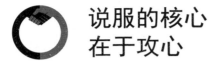

说服的核心
在于攻心

三国时，诸葛亮率大军远征盘踞在云南、贵州一带的反叛头领孟获，马谡前去送行。路上，诸葛亮问马谡有什么建议。马谡说："云南孟获依仗路途遥远，地形险要，一直以来不愿意归顺朝廷。即使今日擒获他，使他暂时降服，等到明日，他又会反叛。"接着，马谡很郑重地说："用兵之道，攻心为上，攻城为下。收服孟获的心，才是上策。"

诸葛亮深感马谡言之有理，就重视攻心战术的运用。他七次抓住孟获，又七次将他释放。孟获想方设法与诸葛亮斗勇斗智，都不能取胜。最终孟获心服口服，诚心归顺诸葛亮，这次南征诸葛亮全胜而归。一直到诸葛亮去世，孟获都未敢谋反。

在职场、商务活动等社交场合，我们需要说服的对象有很多，对方可能是你的领导、同事、客户、面试官……想要有效地说服别人，争取别人的赞同及支持，仅仅观点正确还不行，还要掌握一些说服的策略。

有家生产啤酒的大工厂，某日来了一位怒气冲天的顾客，他不客气地对厂里的负责人说："先生，我在你们生产的啤酒中发现一只活苍蝇，我要求你们赔偿我的精神损失。"之后这位顾客提出一个很大的赔偿金额。

其实啤酒生产线的卫生管理是相当严格的，根本不可能有活的苍蝇在里面。由于担心这种事件闹起来影响到公司的商誉，这位工厂负责人没立即揭穿那人的骗局，只是很有礼貌地请他到会客室里。那位顾客边走还边破口大骂。

当这位顾客第三次提出抗议并要求赔偿时，负责人很有风度地为对方倒了杯水，然后慢条斯理地说："先生，看来真有你说的那么回事，这显然是我们的错误。你放心，你会得到合理的赔偿。由于这个问题事关重大，我们绝对不会忽视的。这样吧，你稍等一下，我马上命令关闭所有机器，以查清错误的原因。因为我们公司有规定，哪个生产环节出现失误就由哪个环节的负责人来负责，待我把那名失职的主管找出来，让他给你赔礼道歉。"

说完后，负责人一脸严肃地命令一位工程师："你马上去关闭所有的机器，虽然这会造成我们上千万的损失，虽然我们的生产流程中不可能会有这种失误，但这位先生既然发现了，我们就有义务给他个满意的答复，另外，你把公司律师也请来，如果是我们的问题，商讨下如何赔付这位先生。"

那位顾客本来只是想用"有苍蝇"这个借口来诈骗一些钱，但他没有想到自己的话会引起如此严重的后果，顿时担心自己的花招被拆穿，即使他倾家荡产也赔不起。

于是他开始感到害怕，说："既然事情这么复杂，我想就算了，只是希望你们以后不要再发生类似的事情。"就这样，他给自己找了一个理由想拔腿便走。

那位负责人叫住他，诚恳地对他说："感谢您的指教，为了表示我们的感激，以后您购买我们的产品均可享受八折优惠。"这位顾客没想到会因此得到意外收获，从此就成为这家公司的义务宣传员，让更多的人了解了这家公司产品的品质。

这个案例中，高明的工厂负责人面对来势汹汹的投诉者，并没有急于用事实去反驳对方，而是掌握对方的心理，用攻心话术恐吓对方，从而让投诉者知难而退，再反过来用怀柔的策略，让投诉者感动，使投诉者成为公司最忠心的广告宣传员。你看，这就是用攻心术说服人的超高价值。

人的行动来自大脑的指令，而大脑的指令来自我们的心。心有所想，大脑才会对"想"做出执行的判断，然后向身体发出指令，我们身体接收到指令，才会有所行动。所以，擒贼先擒王，想说服他人，我们必须学会攻心，让对方心悦诚服，自己说服自己。

如果你是一名保险推销员，当你去见客户的时候，刚一见面，客户心里可能就不由自主地想：这家伙又要骗我买他的保险。这样的场景你该怎么做？

如果你是一名颇有经验的保险推销员，对方一定会更加防范，认为你卖的保险可能听起来很诱人，但真正出问题后需要理赔的时候，就会推三阻四、各种扯皮，这时你该如何应对？

一位平时很节俭的老先生有一辆老旧轿车，但这辆车经过多次修理，已经很难再发动上路了，于是有许多汽车推销员整日围着他推销新车，他们与老先生一见面就自吹自擂，强调自家汽车的优点，每次只会说："你这辆老爷车早就该进博物馆了，开这种车实在有失你的身份。"或者说："你不如把修车的钱攒起来买辆新车，这样才划算。"

这位老先生每次听到这些大同小异的商业推销用语，马上感到反感，最后造成他强烈的防范心理，常常看到推销员扭头就走。最后，只要推销员一上门，他就会想："这家伙就是看上了我的钱包，我绝不会上他的当。"

有一天，又来了一名陌生的推销员，老先生的第一反应是："骗子又来了！"

然而，出乎意料，那名推销员并没有向他夸耀自己的汽车，而是很仔细地看了看老先生的旧车，然后诚恳地对他说："先生，你这辆车保养得很好，起码还可以用一年半载，似乎不太需要立刻买新车。过半年再买也不迟。"说完便有礼貌地递给老先生一张名片，直接离开了。

听他这么一说，老先生心里泛起莫名的亲切感，不知不觉心中的防御系统已冰消瓦解，愈看愈觉得自己应该换辆新车了，于是他马上按名片上的号码打电话给那名推销员。结果如何，可想而知。

你喜欢看武侠小说吗？武侠小说中练习"金钟罩"和"铁布衫"的人，任你刀砍剑刺，就是无法伤他分毫，但是如果你找到他的死穴，只要一指就可以要了他的命。说服别人，难就难在我们不知道对方的"死穴"在哪里，如果我们能找到他的"死穴"，往往一句话就足以说服对方。色哥从事大客户销售有 25 年了，天天都在和熟悉或陌生的客户进行沟通，深知说服对方最快最有效的方法就在于攻心，攻心的关键在于对人性的正确理解，否则，哪怕你口才再好，反应再快，也只是多说多错而已。

所以真正的说服，一定是通过理解人性，探索出对方人性的"死穴"，从而掌握如何对准人心说话的技巧，这样你才能成为真正的说服沟通专家。

从"我的角度"转变为"客户角度"

我们先来做一个假设：如果你的经理拿个塑料袋随手装了一袋空气让你去卖给一个路人，你会不会骂你的经理是个神经病？如果有人指着月球对你说，上面有一块地，他想 10 万美金卖给你，你会不会觉得这个人大脑不正常？

如果你觉得卖空气的人是神经病，卖月球上的地的人是脑子不正常，这并不能说明对方有病，反而让人明白，你根本不懂销售，你根本不懂销售"销"的是什么，客户"买"的是什么！

有一个流传很广的故事，一位营销经理想考考他的下属，就给他们出了一道题：把梳子卖给和尚。

第一个人出了门就骂，和尚连头发都没有，还卖什么梳子！他找了个酒馆喝起了闷酒，睡了一觉，回去告诉经理："和尚没有头发，梳子卖不了！"经理微微一笑："和尚没有头发还需要你告诉我？"

第二个人来到了一座寺庙，找到了和尚，对和尚说："我想卖给你一把梳子。"和尚说："我用不上。"那人就把经理的任务说了一遍，说："如果卖不出去，我就会失业，你要发发慈悲啊！"和尚就买了一把。

第三个人也来到一座寺庙卖梳子，和尚说："我真的不需要。"那人对和尚说："你是得道高僧，书法颇有造诣，如果把您的字刻在梳子上，作为'平安梳''积善梳'送给香客，是不是既弘扬了佛法，又弘扬了书法？"老和尚微微一笑："无量佛！"就买了1000把梳子。

第一个人受传统观念的束缚太重，用常理去考虑销售方法，是不适合做销售工作的。第二个人是在博取同情心，这是最低级的销售方法，叫"磕头营销"，销售人员不快乐，也不是长久之计。第三个人不是在卖梳子，而是在卖客户心里渴望的平安吉祥，又把和尚擅长书法这个特点价值最大化，实现了三赢，产品卖得最好就不足为奇了。

销售界有一句经典名言："客户买的不是电钻，而是电钻打出来的洞。"这句话真正的含义是在告诉我们，要从"我的角度"转变为"客户角度"来看待销售产品这件事情，最近这几年你会发现很多人张口闭口就说什么"产品主义"，其实他们连产品是什么都解释不清楚，更不懂销售人员卖产品卖的究竟是什么。

那么什么是产品？

产品，顾名思义就是能够满足客户需求价值的事物。它既可以是实物，也可以是虚拟的。它可以是一台电视机，也可以是一个人，一种思想，一个建议，一项服务。

在"电钻"和"洞"之间的链接是什么呢？难道不是"买电钻的目的"吗？我需要在墙上打一个洞，于是我去买电钻，买电钻的目的不是为了电钻本身，而是因为电钻能打出我想要的洞。

所以客户根本不关心你卖的产品是什么，有什么功能。客户真正关心的是你的产品能不能实现他想要达成的目标，这个目标就是客户需求，那么客户需求有几种？

客户需求可以分为两种，一种是客户的实际功能需求，一种是客户的虚拟情感需求。

什么是客户的实际功能需求？就比如卖给和尚的梳子能梳头，我们需要吃饭，需要有房子住，这些都是客户的实际功能需求，是实实在在的需求。

什么是虚拟情感需求？就比如同样都是卖衣服，为什么那些国际大品牌的价格比普通的品牌要高呢？如果仅仅是满足客户遮风挡雨的需求，这样的理由显然说不过去，因为大品牌和小品牌的衣服都能满足遮风挡雨的需求，那么那些动辄上万的大品牌到底满足了客户的什么需求呢？当然是满足了客户的虚拟情感需求，比如希望通过穿大品牌衣服提升自己的自信心，让自己有高人一等的感觉等。

所以小伙伴们，假设你的"产品"是自己，想说服面试官聘用你，那么你需要满足客户的什么需求呢？

我们说过，需求分为实际功能需求和虚拟情感需求，如果你仅仅向面试官说自己各种条件都很优秀，能胜任这份工作之类的话，每一个求职者都会这样说，面试官不一定会录用你，因为你能做的，其他面试者也会说能做到啊！面试官凭什么就只选择你呢？

如果你能理解客户买的是"洞"，而不是"电钻"，相信你一定会换位思考，预判面试官究竟要打一个什么样的洞。

假设你是卖瓷砖的，店里来了客人，你通常会先问："先生，您的房子想要装修成什么风格？我帮您介绍适合您的风格的瓷砖。"这个时候瓷砖就是电钻，房子装修风格才是客户需要的那个洞。

同理，想说服面试官录用你，你一定要了解面试官招聘销售人员背后的动机，这才是我们面试者需要用心去挖掘的洞。

那么我们怎么去挖掘客户的购买动机呢？我们可以通过"一诊二听三问"的方式来挖掘客户背后的真正需求。

一诊，就是我们先要非常了解我们的客户。不了解客户，我们根本就无从谈起，了解客户的行业背景、行业地位、公司背景，包括公司关键人物的一些细节，这个越详细越好。

二听，就是我们销售人员需要学会倾听客户，很多关键的商业机密都是可以从倾听中找到关键性的突破点的。有些小伙伴性格比较急，总是在谈话过程中想要一股脑地介绍完自己家的产品，其实这个时候往往会引起客户的反感甚至会丢掉订单，所以我们要学会倾听。一个很好的倾听者是非常受人欢迎的，并且在倾听的过程中既可以让客户感到聊天的愉悦，又可以帮助我们找到关键的突破点，何乐而不为呢？学会倾听是我们销售人员必需的一门技巧。

三问，这就需要我们小伙伴要有会问的技巧，有些人问一大堆就是没有问出关键性的问题，如果你提问的技巧不对，对方就很难愿意回答你的问题。那应该怎么问呢？有两种提问技巧：

第一，开放式提问。

开放式提问就是不限制客户回答问题的答案，而是让客户按照自己的爱好围绕问题自由发挥。有些小伙伴提问容易提一些封闭式问题，只能回答是或者不是，这样客户能透露的消息就很有限，所以我们要学会开放式提问，这样不仅让客户感到舒服，能畅所欲言，还有助于销售人员根据客户谈话的内容了解更多的信息。譬如我们问面试官："贵公司招聘新的销售人员时，觉得合格的销售人员应该具备哪些必要的能力？"

我们通过这一个问题就可以基本了解面试官对销售人员的期待是什么了。

第二，证实性提问。

证实性提问就是针对客户的答案重复新措辞，使其证实或补充的一种问法，这种方式在关键时刻、关键问题上经常使用，不仅可以从对方那里进一步得到问题的澄清、证实，而且还可以发掘更为充分的信息，比如说："根据您刚才的描述，我理解的是想成为你们公司的销售人员，必须具备……素质，是吗？"

我们可以通过探测面试官透露的招聘销售人员的目标这个洞，而进行我们的说服术，譬如，我们说："我理解你们想招聘一名在光伏行业有一定经验和人脉关系的销售高手，我感觉我和你们公司特别有缘，2019年我在某某公司也是负责光伏行业的推广，曾经在 2019 年成功中标某某客户，销售额是 8000 万元，在 2020 年单独签订湛江海洋渔场、徐闻光伏项目等三个项目，希望领导给我一个机会。"

你看，我们在说服对方的时候，一定要明白对方买的不是电钻，而是电钻打的洞。我们一定要通过正确的提问和倾听，来了解客户的需求，确认对方究竟想要打一个什么样的洞，从而针对这个洞，组织语言，为对方提供一个他梦寐以求、渴望的洞，让他自己说服自己，接受我们给的方案。

产品的三个属性，
你应该卖给他什么？

你可以问自己以下几个问题：

假如你是一家生产羽绒服厂家的市场策划人员，你会把海南省作为销售的主战场吗？

如果你是劳力士手表的品牌运营官，老板让你选择一个明星作为品牌代言人，你会找扮演傻根的著名影星王宝强吗？

如果你手上有大额资金，想做中国人自己的可乐，那么，你准备在哪个点上与可口可乐、百事可乐竞争且胜出呢？

小伙伴们，我们再回顾一下第一章中那个经典的老太太买李子的销售故事，那个故事告诫我们，一个成功的销售人员要做到两点：

第一，对自己的产品知识一定要充分熟悉，充分了解，做到能随时回答客户的任何疑难问题，这才是业务员成功销售的根本。

第二，作为一名成功的销售人员，一定要懂得去挖掘，去寻找客户的真实需求。了解客户的真实需求之后，我们才能把客户的需求与我们的产品属性结合起来，比竞争对手更好地、最大程度地满足客户的需求，赢得客户的青睐，让客户优先采购我方产品。

小伙伴们可能会好奇，产品属性是什么东西？为什么要把客户的需求与产品属性相结合，才能更好地满足客户的需求？

美国学者菲利普·科特勒提出了产品三层次理论，即任何一个产品从理论上都可以分为三个层次：核心顾客价值、实体产品、扩展产品。

产品的第一层是核心顾客价值，也叫功能层，主要内容为产品是什么，具备什么功能，能解决消费者什么问题，也是消费者真正购买或使用该产品的原因。客户对这一层的要求就是能满足消费者的使用需求，比如，我有夜跑的习惯，跑完步会顺便去小卖部买一瓶矿泉水，我绝对不会在这个时候买一瓶啤酒或一杯酸奶，因为跑完步，我体内的水分大量流失，这个时候我的身体需要补充水分。能满足消费者最核心的功能需求，这就是产品的核心价值。

产品的第二层是实体产品，也叫有形层，就是产品制造出来呈现的样子。产品的有形层非常重要，现在各类产品同质化这么严重，你的产品总得与其他厂家的产品有点儿差别，才能把自己凸显出来吧？同样是买水的例子，有的商店卖那种便宜的小厂生产的矿泉水，其瓶子用手一捏，就有一块软软地塌陷了，这样的瓶装矿泉水，连瓶子的质量都保证不了，你能相信它的水质吗？你敢买这类的矿泉水吗？需要注意的是，产品的有形层可以是产品的外在呈现形式，也可以是一种客户期望的服务，比如，客户希望产品的售后有保障，假设市场上我的竞争对手普遍的售后政策是七天无理由退货，那么我们可以提出我们的售后政策是在客户购买产品后一个月内无条件免费退换货。消费者对比竞争对手的七天无理由退货的售后政策，发现远远不及我方的一个月内无条件免费退换货政策优越，那么两利相权取其重，客户自然选择更加优惠的我方产品了。这就是在产品的有形层上的竞争。

　　产品的第三层是扩展产品。什么是产品的扩展属性？我想大家有车的话一定会买汽车保险，虽然你这辈子可能也不会发生汽车追尾等事故，但是你依然每年定期为汽车上保险，为什么呢？因为汽车保险可以保障你对安全的需求，这就讲到了汽车的扩展属性问题。有些客户之所以购买你的产品，并不是因为你产品的核心价值属性或者实体属性，而是产品的扩展属性。譬如，很多人买奢侈品包包并不是看中了包包装东西的核心价值属性，也不是看中了包包外观的实体属性，而是看中了奢侈品品牌给人的那种"昂贵的，普通人买不起，一般用这包的人非富即贵"的高人一等的感觉，这个感觉就是奢侈品包包的扩展属性。

　　所以小伙伴们，假如你的产品销售得不理想，或者客户不太认可你的产品，那么你一定要重新思考，你卖的究竟是什么？产品的三层属性中，客户究竟在意哪一层？如果你熟练地掌握了产品三个层次属性，就明白了自己产品的最强卖点是什么，也就掌握了销售的终极秘籍。因为有的时候客户也不见得真的明白自己需要哪个产品属性，这时候就需要我们销售人员旁敲侧击了解客户的真正需求，再按照客户的需求结合我们产品的三层属性来介绍产品，赢得客户的认可。

　　我们以手机为例，人们使用手机的核心价值属性最初是满足与人沟通的需求，如打电话、发短信等。但随着智能手机的普及，人们购买和使用手机，不再是仅仅为了沟通，也许是为了使用地图导航，也许是为了能随时随地上网，也许是为了在无聊时消磨时间。这些诉求，都可以看作手机这个产品的核心顾客价值层次，因为这些服务都是为客户解决问题的。

而手机触摸屏的手感、屏幕大小、按钮设计、手机上的 logo 设计、设备大小和形状等，还有操作系统显示界面、图标的设计、图片颜色效果、声音播放，以及购买手机时的外包装，则可以看作产品的实体产品层次。这一层产品属性会极大程度上决定消费者是否愿意购买该产品。

手机的第三层属性，也就是扩展产品层次。在这一层要考虑的是客户最强烈的需求是什么。这一层属性，往往来自消费者精神层面的认同，这一层产品属性的竞争决定着客户对品牌的忠诚度，以及是否愿意再次购买该品牌的产品。比如苹果手机，对它的消费者而言，拥有一部苹果手机是创新、有品位、先人一步的象征；而使用华为手机，对华为品牌的粉丝来说，这是自己爱国、支持国货的具体体现。

很多销售人员由于没有系统的销售知识的训练，把产品只是理解为提供的实体产品，并不清楚一个产品是可以有三层属性的，且每一层属性都对应着一群消费者。由于不清楚产品可以分为三层，于是只能就产品本身介绍产品，无法精准地击中潜在客户的心，从而导致自己介绍的卖点可能是客户并不在意的，不能打动潜在客户的心，自然无法成交。所以，无论是销售一款产品，还是说服你的领导给你加薪，你都要找出你的核心价值属性是什么、实体属性是什么、扩展属性是什么，然后再去了解对方最想要、最在意的需求是什么。把对方的需求落到具体的产品层，然后结合这一层产品展现我方具有的独特的、与众不同的优势，让客户感觉这正是他想要的，那么成交或说服，就是唾手可得的事情了。

如何在客户的需求里面
精准藏"钩"，诱导成交

做销售的可能都经历过，当产品卖得不好的时候，会习惯性采取促销的方法，比如打折、促销礼包、发放优惠券等，但这些方法对提升销量真的会有很大的作用吗？并不见得。因为产品最终能不能卖掉，起决定作用的不是价格，而是客户的需求。需求越迫切，客户购买的意愿才会越强烈。

我们大多数人都有出去旅行的经历，游山玩水，体会祖国山河的美好。但是我们会发现，在旅游景区，很多产品的价格特别贵，比如，你在爬山的时候，有没有发现在山顶卖的矿泉水要比山脚的超市里卖的贵很多，但是当你在山顶上，即使知道很贵，你也会买，这是为什么？因为你"口渴"的需求促使你买水的行动力非常高，你首先在意的并不是这瓶水比山下的贵了多少，而是想现在就要喝到它，想通过喝掉这瓶水来解决口渴的需求，即使你知道，这瓶水跟山下的没什么不同，并且也知道自己买贵了，但你还是会愿意多掏一点儿钱买它，这就是需求的力量。

很多销售人员常常有这样的感慨，销售很难，想说服别人买你的产品更难。其实并不是销售难、说服难，而是我们没有找到销售的核心点，不懂得怎么去洞悉别人的需求，把自己的产品变成他的硬刚需。而当别人觉得不需要你的产品的时候，想说服他就会变得非常难，但如果我们能够找到他人的需求点，让他觉得你的产品就是他最需要的，那么他自然会很容易被说服。

要想找到他人的需求点，我们首先要理解，什么是人的需求。

所谓需求，就是一个人想要但没有的，他想拥有但是没得到的。想要了解别人的需求，就要找出他在当下的场景里最缺乏的是什么东西，而他缺乏的东西，和他当下最渴望拥有的东西，就是他最大的需求。所以我们销售人员要注意，当一个人对你的产品没有那么强烈的需求的时候，你的说服难度指数就会大幅增加，一旦你的产品变成他的强需求，那么我们的说服难度就会降低。

发现客户的需求以后，我们还要找到满足需求的介质，也就是让我们的产品与客户的需求相匹配。前面我们说，有些促销活动之所以不能带来实际的转化，是因为除了需求和满足需求的介质，也就是我们的产品相匹配，客户是否会立刻下单，还有一个决定性因素，就是如果他当时不下单，他所要付出的成本是怎样的。如果你的促销活动让客户只节省了 10 元，但是他可能在其他方面产生了很大的麻烦，比如他需要拎很多的东西走很远的路，或者增加了打车成本，客户购买的动机就会变弱。

我们假设一下，你是山下超市的老板，进来一个顾客，你直接跟顾客说："你多买点儿水带着吧，山顶的水很贵。"你觉得这个话术很好，告诉了对方事实，甚至对方也认可你说的话，但是他还是不买，原因是他现在对水的需求感不强烈，或者他带了一瓶就感觉够喝了，也或者他想到上山的路很长，背着很多水很费力，他不想那么辛苦，所以他买水的动机就不强。

我们可以看出来，影响客户下单的，除了需求，还有他所需要付出的成本，比如金钱成本、形象成本（是否会损害自己的形象）、行动成本（是否特别麻烦耗时）、学习成本（是否需要改变原来的使用习惯）、健康成本（是否会损害健康）、决策成本（是否有支持做出这一选择的理由和能否产生信任）。

所以当潜在客户购买动机不强，甚至都没有意识到自己有此需求的时候，我们销售人员要学会设计话术，让话术带"钩子"，把客户的需求钩出来，让客户感觉有此需求，并且弱化他对购买这一行为的成本顾虑，这样才能更容易说服客户，引导购买。

在实战中，销售人员的话术可以针对需求及可能产生的成本顾虑预埋四种钩子，把对方的隐性需求钩出来，这四种钩子分别为：群体比较、时间差比较、任务比较和角色比较。

第一种是群体比较，让客户发现自己跟其他群体的差异，别人都有，而他没有。 在短视频当中经常会见到"某某某都在用的"这样的标题，这其实就是用心理定位去锚定客户，比如"潮人必选"，如果你给自己的定位是潮人，那你没有，是不是就不符合潮人的形象？"年轻人都在用的""文艺青年都在用的"等，如果你是这个群体，别人都有，但你没有，这可能就意味着你还没有真正属于这个群体，尤其是这个群体属性又是你内心特别向往的，你的群体归属感会被唤起，这个心理的认同度就会盖过对付出其他成本的顾忌。

咱们在朋友圈经常会看到这样的话：不转不是中国人，不转就是不孝。这样一个标签就能引发大量的人去跟随，原因就在这里——群体归属感。所以在引导销售的时候，我们要多跟客户聊，分析客户，了解客户，利用他的群体归属感，话里藏钩，诱导购买。

第二种是时间差比较，过去没有，但是现在可以有。这个在一些年长的客户身上表现得特别明显，很多长辈年轻的时候经历的都是苦日子，没什么多余的钱，舍不得给自己买好看的衣服，舍不得出去旅游，把生活需求压到最低。我爸妈就是这样的人，虽然现在生活条件好了，但勤俭节约的消费习惯一直都还保留着。有一年冬天，因为我爸爸的腰腿经常受风，加上老家气候干燥，我就想带他们去三亚过冬，气候相对暖和舒服些，但是当负责安排行程的旅行社工作人员说明了费用之后，我爸妈死活就不同意去了。这时候，这位工作人员说："叔叔，阿姨，您二老可能和我爸妈一样，年轻的时候家里都比较困难，有一分钱都得掰成两半花，舍不得吃，舍不得喝，苦了大半辈子。但是现在生活条件好了，你们跟其他的同龄人相比，还是很幸福的，不用再继续过苦日子，而且您儿子也很孝顺，其他家的儿子，自己都顾不过来，哪儿还有能力管父母过得好不好呀。有这样的好日子，有这样孝顺的儿子，您二老应该非常开心啊，去三亚好好享受享受，也对得起自己辛苦了大半辈子！"我爸妈听了，欣然答应。

第三种是任务比较，就是客户的心里有一个既定目标，但是还没有完成。比如他计划买一辆车，但是他的钱不够，那有什么解决方案呢？可以给他推荐另一款价格合适又能满足客户需求的车。再比如现在的年轻人买房子，可能一下子负担不了太贵的房子，我们就退而求其次，作为房产销售，可以给年轻人介绍现在能承担的房子，奋斗个几年再换更大更高档的房子。这就是任务比较法，当一个目标当下无法完成的时候，退而求其次，先去完成一个小一点儿的目标。

第四种是角色比较，就是要让角色定位满足他的身份。比如一个妈妈，在选择衣服的时候不会经常穿成小姑娘的样子，销售人员在推荐时可以这么说："这套衣服穿起来很舒适，面料也特别亲肤，平时抱孩子的时候也不用刻意再换家居服，孩子也会特别舒服，如果您平时既要经常出门又要照顾孩子，这套是不错的选择。"或者一个职场白领，上班着装要显得更职业一些，就不能跟去娱乐场所玩的时候穿得差不多，所以我们可以为客户营造一种角色定位，比如说："作为一名职业女性，这套衣服更符合你的气质。"要让客户更有自我认同感，从而认同你的观点和建议。根据他不同的角色背后隐藏的动机，唤醒他的需求，这样对方的需求被唤醒，更容易实现购买的行为。

小伙伴们，我们现在知道了想诱导没有购买意愿的客户购买产品，可以在话术里预埋群体比较、时间差比较、任务比较和角色比较这四种钩子，来激发客户的购买需求，我们再回到开始的问题：假设你在山脚下卖矿泉水，客户对水的需求不强烈，那么你怎么设计你的话术，让客户爽快地买你的水呢？

　　我设计的钩子是："帅哥，爬山很累的，半路上没有卖水的，有钱也买不到水（强化稀缺），很多人都因为太渴了就下来了，好好的计划都被破坏了（强化损失），你多备点儿水吧，有备无患，如果你觉得用不到也不要紧，你下山的时候退给我，我把钱全退给你（消除顾虑）！"说完，把水递给客户。

　　当客户接过水的时候，我们的"钩子"就奏效了。

建立说服优势，感动了心
才能左右行动

在商务活动或者工作中，有时候我们需要领导或客户的支持。比如最近生产任务重，我们部门需要增加新的员工；我想参加一些提升专业技能的培训，想让老板给我报销学习费用；快过春节了，我想向领导申请一些费用来答谢过去一年帮助过我的客户；我们的产品成本增加，需要客户在原有的合作中增加一部分预算……在这些场景中，我们都需要和上司或客户进行沟通并获得他们的支持。

在当今社会，基层工作人员说服自己的领导或销售人员说服客户，让其按我们的意愿去支持我们，是相当难的事情，因为我们基层人员掌握的资源有限，甚至这些资源客户根本看不上，那我们又凭什么能把自己的领导或客户说服呢？

我们想获得自己领导或客户的支持，就必须做到"三同"，首先是让领导或客户认同我们的建议，在认同的基础上，领导或客户才会赞同我们的工作，有了领导和客户的赞同，我们才能真正开展工作，只有真正开展工作，最后我们才能获得共同的收益。

想获得领导或客户的认同，"发现领导或客户的需求，满足他的需求"是至关重要的。因为如果我们能满足他的需求，就能相应地得到他对我们销售工作的支持。

想获得某人的需求点，就要详细了解某人的背景。譬如，你现在面对的是一个大公司的女性 CFO，如果你想要达成自己的销售意愿，就要去了解她的年龄、受教育程度、婚姻情况、家庭情况、性格柔弱还是强势，以及公司的盈利情况等，了解了这些背景情况，你就能大致判断出她渴望什么、讨厌什么，依据她渴望的或讨厌的总结出她的需求点，从而对症下药给她一个满足她需求点的方案或建议，从而获得她的欣赏和对你的销售工作的支持。

举个例子，我在西门子工作的时候，有一次去拜访客户，发现对方技术部的领导在很多事情上都对我非常照顾，甚至多次在公开场合表示我们的产品不错。后来接触多了，我才明白其中的原因。这个领导经常被安排到美国去调研产品，去之前需要把人民币兑换成美元，而我在和这个领导交谈的时候，透露过自己的工资是用美元发放的。这个领导出国需要兑换美元，而我的工作工资是可以选择用美元发放的，我对他而言，刚好能满足他用比平时便宜的价格兑换美元的需求，自然就获得了他的欣赏和支持。

生活中，每个人都有烦恼和欲望，销售人员和客户交流的时候，一定要多听多问，多让客户说话，这样才能从客户的言语里找出需求，一旦发现需求，那么我们满足其需求的条件就有的放矢，可以精准抓住客户的心，从而让客户因为心动采取行动。

有的人会说，自己不善于和客户聊天，不善于捕捉客户的需求，那该怎么办？不要着急，即使你是一个不擅长聊天的销售，去拜访客户时，在获得认同的基础上，我们为客户量身定做一个极具独特性或高价值的满足他需求的方案或建议，也能获得客户的赞同和支持。而这个满足客户需求的方案或建议，我们最好用故事的形式告诉他我们是谁，我们能给他带去多高的价值。

我们的位置越低，越可能被客户的高层忽视，所以在销售时，尽量把自己的位置包装一下，普通销售人员包装成销售经理，销售经理包装成区域销售总监等。因为企业交流时要遵循"组织对等"这一原则，销售人员通过职位上的一点儿"虚夸"，就可以和更高层的人进行交流，这也是人性对销售的影响，社会上强强才能合作，强弱之间只能是征服或强者蔑视弱者。

客户的高管所处的位置决定他的一些决策会具备一定的风险性，如果他的决策能够让企业获得好处，那么，这些好处就会转化成他的职位资本和工作实力，俗称"捞政绩"。相反，如果他的某一个决策给企业带来了不利，那么在企业内部一定会议论纷纷，甚至他的竞争对手会趁机攻击他，从而动摇他的位置，这叫失策。

如果一件事情的风险是可控的，或者说风险是客户的高管可以承担的，那么他就会对这件事情进行投资回报比的计算，一旦他计算出这件事的投资和回报是合理的，他就会支持，反之，他就会反对。所以，销售人员要积极推动销售的进展，让客户的高管给我们锦上添花，而不是雪中送炭，只有这样才能让他持续支持我们的销售工作。

我曾在云贵地区向煤矿销售西门子真空泵，当时贵州某矿务局的市场很难打开，因为他们习惯采购山东省的国产真空泵，这种泵比我们的泵价格便宜一半，而且质量也不错，他们自然不会换供应商。

所以，我最初并没有去积极地说服矿务局的领导采购我们的产品，而是和矿务局下属两个煤矿的真空泵操作工处好关系，让他们允许我提供两台真空泵安在他们现在使用的真空泵旁边，型号是一样的，两台泵轮换使用，同时请他们记下同样的工况下，我们的真空泵耗电量是多少。

经过两个月的对比，两个煤矿给了我他们现场使用数据的记录，证明在同样的工况下，我们的真空泵比国产真空泵要省电 30%，真空泵的工作效率提高 10%，而且把两种真空泵拆卸对比，发现我们的泵没有任何损坏，而国产泵因为气蚀现象，叶轮已经损坏。

当我把这些数据给矿务局主管真空泵的领导看的时候，他很是惊讶，同时对我也很欣赏，我趁机告诉他："我们看产品不能仅看它会不会坏，还要看它的能耗多不多，能耗多的产品，耗费的是现金流，同样的一台泵，我每年能帮你省 5000 元电费，而矿务局最少有一百台真空泵，一年能省下 50 万元的电费！"

因为实验是在矿务局下属的煤矿做的，所以当这位领导通过电话核实了情况后，马上在矿务局搞起改革，把矿务局的真空泵按照使用年限做出逐步淘汰国产泵、采购西门子泵的规划，我也因此在这个矿务局实现了垄断销售，从而打开了贵州真空泵的市场。

小伙伴们，告诉你的客户你的方案能帮助他"捞政绩"，能帮助他提高工作效率，能帮助他省多少资金，能帮助他完成工作KPI（关键绩效指标）考核⋯⋯当我们的产品或方案能给客户带去真正的利益时，客户就会赞同我们，支持我们，唯有得到客户的支持，我们才能实现双赢，才会产生共同利益。

我们每天都在说服，说服自己的老板支持我们的工作，说服客户购买我们的产品，但是我们也都知道说服别人是一件非常困难的事情。愚蠢的人拿他的理由来说服我，但是有智慧的人会用我的理由来说服我，别人说服不了我，但是我可以说服自己。所以，想说服领导或客户，我们要记住这个"认同、赞同、共同"三同说服模型。在说服之前，精心做些准备，用什么方法让对方认同我们，用什么利益引诱客户赞同我们，用什么方法使客户坚定支持我们的行动，从而确保我们的共同利益得以实现。

一句话，一件事，破解
对方的防御或进攻机制

在职场和商务活动中，我们总能遇到一些自我感觉良好的人，认为自己最厉害，众人皆醉他独醒。这些人总认为自己已看透一切，一切都在他意料之中，很多平时不爱说话或者不善于表达的人，在跟这类人谈合作的时候，容易被他牵着鼻子走。即使有的时候，明明自己有条件和地位的优势，但还是被这类人先下手为强，挑刺说这儿有问题、那儿有缺陷，好好的一件事，硬是被搅和得如同鸡肋，食之无味弃之可惜，总吃一些哑巴亏。遇到这类情况不要慌，色哥教你一个应对公式，能让你用一句话、一件事就破解对方的防御或进攻机制，把对方拉到同一个水平线进行沟通并说服他。这个公式是：**共情＋微笑提问＋经验分享。**

小伙伴们，我先问问，你们有没有说谎的经历？如果有，你为什么不说事实反而要说谎？

小时候我们就被大人教导不要说谎，可小孩子为什么有的时候依然选择说谎呢？因为说谎是为了掩盖事实，而事实往往是父母与小孩子无法共情造成的。

弗洛伊德曾经写过一个故事，有一个小男孩在黑暗的屋子里，因为房子上锁了，外面的人进不去，所以每当有人走过，小男孩就要叫住外面的人，过往的人都没有理会他的声音，只有一个阿姨每次都会回应他，阿姨对小男孩说："你又看不到我，又不能出来触碰到我，你叫我有什么用？"小男孩说："当我叫你的时候，你的回应就像一束光，照亮了我这个黑暗的屋子。"阿姨听完瞬间感动得落泪。在这个故事里，阿姨就扮演了共情的角色，使得男孩的生活有了希望。

共情在本质上属于一种换位思考，将自己放在别人的角度去看待问题，属于人类最基本的需求，著名的戴尔·卡耐基先生在《人性的弱点》一书中曾经写道，共情是无价的。可见共情能力的重要性，共情能力强的人并没有放弃或者丢掉自己的观念和想法，同时也能够体察他人的情绪、矛盾和心愿，所做出的回应可以满足对方情感上的需要，也就是我们所说的"走心"。拥有比较好的共情能力可以更好地理解对方，站在对方的角度思考问题，很多沟通上的问题都能够迎刃而解，在社会上也能广交好的人脉。具备共情能力的销售人员往往业绩比那些没有共情能力的销售人员好得多。

改革开放后的一天，著名作家沈从文在接受几位记者采访的时候，说起自己在"文革"时期曾经打扫厕所的事情，在场的一位年轻记者动情地拥住他的肩膀说："沈老，您真是受苦受委屈了！"此言一出，这位83岁的老人当众抱着记者的胳膊号啕大哭起来，像受了委屈的孩子，什么话也说不出来，只是不停地哭，在场的人都惊呆了。就心理学而言，沈老是被那位记者的共情打动了，在那一刻他感受到有人懂他，所以才会哭泣不止，当压抑的情感被看到、被理解，顷刻间便化为泪水，这就是共情的力量。那么，既然共情的力量这么强大，我们为什么不在与他人沟通的时候使用我们的共情能力呢！

小伙伴们，生活中，那些自我感觉良好的人，总认为自己最厉害的人，往往是"半瓶水"，真正"一瓶水"的人都知道谦逊低调，而那些"半瓶水"才会自视甚高，不断地显摆自己，展示自己的能力，这类人一般是企业的中层干部，比如技术部的部长、工程部的经理、研发部的部长等。这些人一般从事技术或办公室工作，一方面他们从事某个专业领域久了，确实知道的专业知识比一般人要多得多；另一方面自己大大小小也算个领导，往来接待、走南闯北也见过不少世面，看过不少是非，所以就感觉自己已经阅尽天下风景，天下不过如此，因此就骄傲自满，不把他人放在眼里。这些人要么封闭自己，不让他人进来和他真诚平等地沟通，要么就具攻击性，看不起人，三言两语指出别人缺点，一顿歪曲挑刺，把没有经验的对方弄得尴尬狼狈，自惭形秽而去。遇到这个场景，记住"共情＋微笑提问＋经验分享"这个应对公式。

我们曾去拜访过一个小型叉车厂的总经理。前两次拜访，这位总经理将我们指责一番，说我们的产品和他以前的供应商的产品差不多，面对我方销售人员"给一个参与报价的机会"的提议，总经理表示，产品都差不多，他和现在的供应商合作得很好，为什么要把现在的供应商踢掉，而换成我们的呢？没有理由啊！

那我们第三次拜访，如何利用共情寻找机会呢？

一般共情最强烈的关系链接是校友同学、老乡同村，有共同的喜好、共同经历过一些事情、看过同一本书、有共同的信仰等，这些关系链接的强烈程度甚至可以被称为"新四大铁关系"，所以，想引起共情可以先从这些方面入手。

第三次我去拜访这位总经理时，一进办公室就注意观察办公室的摆设。观察能力是销售人员必备的能力，只有仔细观察才能挖掘出对方的一些喜好和特征。这次我留意到总经理办公室里有一个方桌，桌子上放了不少报纸，每张报纸上都写满了毛笔字，很明显，这位总经理在报纸上练习毛笔字，这也是很多年龄大的高管修身养性的业余爱好。从字迹上看，他临摹练习的是魏碑书法，我对书法懂一点点皮毛，曾经学过四年的书法。于是，经过观察，在书法这方面我和这位总经理有共同点，能形成共情。

于是，我利用寒暄的时间，在脑海中迅速地策划了一下话术，我问："张总，我看你在练习书法，好像是魏碑体啊？"

张总说："是的，我没事的时候喜欢临摹下魏碑。"

我说："哇，我学习了几年书法，练楷书、行书、隶书的都见过，但是写魏碑的是第一次见，我有些好奇，你为什么选择练魏碑呢？练这个的太罕见了。"

张总说："说来话长，我小时候在农村长大，也在农村的小学读书，那个时候我们的小学老师是下乡插队的知青，他是中国写魏碑的第一人，我是跟他学的……"

　　话匣子一打开，张总竟从他的小学时代开始说起他学习书法的往事，不知不觉我们两个人聊了两个多小时。这两个多小时的聊天，我们两个人竟然产生了多年好友惺惺相惜的感觉，我走的时候，张总不仅送我出了办公室，还亲自送我出了他的厂门。这样尊贵的送别也说明了张总对我的高度认可。

　　你看，共情＋微笑提问＋经验分享，竟能轻松地突破张总的心理防线，直接撼动他的心灵，在他心灵深处引起共鸣，产生知己的高度认同感。于是，推销产品反而是附带的小事，一种不销而销。打开对方的钱袋最快捷的路是打开对方的心，"共情＋微笑提问＋经验分享"这个公式，你学会了吗？

巧设"获得感"，用故事暗示我方价值

我们在得到某种利益之后会产生满足感，也叫获得感，比如，2021年底，我接到税务局的电话，说市政府为中小微企业纾困解难，出台退税政策，根据我公司去年的纳税情况，从1月1日开始，由我公司提出申请，可以享受退税7万元的优惠政策。在一周之后，我的账号上忽然多了7万元的时候，我有种满满的获得感，有种走在大街捡到一块金元宝的感觉，平白无故忽然多了计划之外的7万元，那种意外之财的惊喜，确实让人情不自禁感到快乐。

我以前住宅门的门锁是传统的钥匙锁，我喜欢简单的东西，不太喜欢身上装一串钥匙，感觉很烦，后来把门锁换成了电子锁，人脸识别自动开锁，每次回家，站在门口，人脸识别系统就识别出是我，然后门就悄然打开，简单又省事，再也不用出门带一串钥匙了，这让我对电子锁产生了浓浓的获得感。

"获得感"不仅是物质层面的，也有精神层面的，既有看得见的，也有看不见的。比如同样是女性手提包，为什么普通品牌手提包只卖300

元、500 元，消费者还讨价还价，而 LV 手提包却可以卖出 3 万、5 万的天价？这么昂贵，人们竟还是争先恐后地买，从不还价？这里面就牵涉到"满足感"的问题。出于对美好事物的追求心理，有很多人购买奢侈品。奢侈品代表着最高端的享受，因此拥有一件奢侈品除了能得到其他小伙伴羡慕的眼神，自己也可以得到很大的满足感，这满足感甚至可以提升我们的幸福指数。

人既然追求美，追求满足感，那么我们销售人员就要擅长打造和提升产品价值，争取让客户感觉到我们产品的超高价值并引导他们产生强烈的购买欲望，通过高价值让客户有超高的满足感。

如何打造和提升产品的价值呢？我们要学会利用从众心理、讲故事这两个方法。

第一，用从众心理去打造高价值。

从众是指个体在社会群体的无形压力之下，不知不觉或不由自主地与多数人保持一致的社会心理现象，通俗地讲叫"随大溜"，也叫"羊群效应"。从众心理具有盲目性，从众心理严重的人对事情不做分析，不顾是非曲直地一概服从多数人，所以传销都是采取 ABC 法则，私下多人给一个人洗脑，而开会的时候则是开大会，很多人参与，在那个很多人的场合，普通人很容易产生从众心理，容易盲目，从而参加越多会议，被洗脑得越严重。医疗行业的厂商销售代表经常请目标医院的医生、院长参加新产品发布会，也是利用从众心理。而社区里一些卖保健品的骗子更是把从众心理发挥得淋漓尽致，他们先给社区的老年人免费量血压、测血糖，获得老年人的好感，然后邀请老年人"免费"参加他们在酒店举办的产品技术讲座，还保证有免费礼品送。这些老年人一般有大量的空闲时间，所以也愿意去，到了现场，几十上百号人的场面营造出一种狂热的采购局面，老年人的认知会退化，在气氛的烘托下很容易产生从众心理，然后也掏腰包疯狂采购。

作为销售人员，我们也要学会利用从众心理，向客户反复多次宣传我们的产品被不同行业客户使用的案例，这样就会给客户造成大客户都在使用我方产品的感觉。这样的感觉一旦建立就会形成一种从众心理，每当我去拜访客户的时候，几乎每一个相关部门的负责人我都会去宣传，这样做也是为了在目标客户内部形成一种我就是最佳供应商的效果。

当我第一次去开发中南建筑设计院这个陌生的客户的时候，设计院中一百多位设计师没有一位愿意和我合作，经过努力，我拿下了设计院当年年度最大的建筑项目——武汉建银大厦，一下子就在设计院内引起轰动。那些设计师觉得我能突破种种困难抢下建银大厦这个单子，业务水平一定了得，他们把我推荐给业主的话，成交率一定超高，所以他们就乐于把自己的设计项目交给我，把我推荐给业主。而我和业主签约成功时，设计师的付出就得到回报，于是他们就有满足感，而这种满足感会让设计师再次把他们的设计项目交给我，从而形成一个良性循环。这里面我就是利用他们信任的建银大厦这个项目，制造了从众效应。

第二，通过讲故事来塑造高价值。

人和动物最大的区别之一就是，人会讲故事。在北京举办的一次线下培训班里有一位富二代女学员，在父辈打下的基础之上，她有条件也愿意去谋划全国市场，也有成为某个行业领军企业的抱负。富二代的奋斗基础往往是继承父辈的，没有问题，但是如果在战术层面看不到本质，有"形"而无"神"，可能会埋下一些经营上的隐患。与这位富二代交流的过程中，她首先纠正了我对她"富二代"的印象，她说她是"创二代"，从这一字之差可以看出这是一位谦虚且积极努力的女企业家，事后我了解了她企业的官方网站和资讯，发现她也有和绝大多数人一样的问题，那就是不会讲故事。

我们常说："三流销售卖产品，二流销售卖故事，一流销售谈理念。"无论是历史，还是一些物品、商品，但凡被我们记住的东西，几乎都伴随着一个让你铭刻在心的故事。比如茅台酒讲了一个在万国博览会打碎了一瓶酒但赢得了赞赏的故事；乐百氏讲了一个 27 层净化的矿泉水的故事；农夫山泉讲了一个千岛湖地下水"有点甜"的故事；Zippo（之宝）讲了一个打火机与美国军人的故事，于是无数男人将 Zippo 作为随身物品。在这个都在争夺粉丝的时代，会讲故事是优秀的人或企业的标配，是一项我们必须掌握的技能。那怎么讲一个有内容的故事，能在客户的心中无形地提升我们价值呢？可以参考下面四点：

第一，讲一个可以引起消费者兴趣的故事。

小时候我读过崔颢的《黄鹤楼》和相关故事，于是我去武汉的时候，参观黄鹤楼就成为我必须做的事情。相信有很多人因为听说过"丽江是一个艳遇之城"而把丽江列为必去的城市之一吧。讲故事可以自然而然地使消费者产生一睹为快的兴趣。

第二，讲一个能让消费者有代入感，并成为支持者的故事。

好的故事能够让人代入自己的感情。有时候，对陌生人、陌生的品牌或者陌生的商品，我们最初毫无感情，一旦了解了其背后的故事，就会将自己的感情代入进去，并成为其支持者，比如我们一旦知道"褚橙"这个品牌背后是褚时健老先生个人的励志故事，那么哪怕付出更高的价格，我们也要去买褚橙，以示对褚时健老人的敬意和对自己的激励。再比如 2021 年郑州突降暴雨，鸿星尔克的老板捐赠了 5000 万元物资（据说鸿星尔克最近这几年盈利都不太好），这个故事传开之后，一周内鸿星尔克的直播销售额超过了 1 亿元，要知道鸿星尔克平时的直播销售额都不会超过 50 万元，甚至很多人说，如果没有货，邮寄鞋带也可以。你看一个这么感人的捐赠故事给鸿星尔克的销售额带来了指数级的增长，无非是人们知道了鸿星尔克背后的一颗善心。

第三，讲一个让客户能记住你的故事。

讲故事可以制造记忆点。比如当年生物课堂上老师教我们怎么解剖青蛙的内脏和骨骼的场景至今仍历历在目，即使我对生物老师已经没有半点儿印象了。曾经某某水泵公司的一位销售人员给我留下了很深的印象，他对我说，他们公司的泵用在中南海。这么一句话就让我记住了他。只要我们通过精心设计的故事来宣传自己，就可以使自己成为独一无二的存在。

第四，讲一个能让客户主动帮你宣传的故事。

你在看到一本有趣的小说或者让你潸然泪下的电影时，会不会想推荐给别人看看？相信大多数人都会的，那么多购物点评就可以证明。无论是一件事、一个商品，还是一个人，只要有个能够打动人的故事，别人就愿意帮你宣传，这就是所谓口碑。王老吉在汶川地震后捐了 1 亿元，使其销售量猛增，是谁在免费为它默默宣传？一直以来，口碑都是促进商品销售的重要因素，进入互联网时代之后，口碑的力量变得越来越大，传播的速度也越来越快。只要产品的故事能够靠口碑流传开来，那么产品自然就会大卖。

小伙伴们，客户不一定买销售人员推荐的东西，但是他一定会买自己想买的东西，而自己想买的东西一定是给他较高满足感的东西。网络上有一个鼓师敲鼓的视频，通过屏幕你都能感觉到近乎疯狂的鼓师敲鼓的激情和他投入的浓浓情感，让你一个看客都感觉到这个鼓师已经不是单纯在敲鼓，他是在敲自己的情感，敲自己的人生，甚至把他自己敲进鼓声里。是什么原因让这个鼓师这么投入？原来是他的儿子考取了国防科技大学！原来这一场鼓是为了庆祝他儿子拿到国防科技大学通知书而敲！你看，他儿子考取国防科技大学给他强烈的满足感和获得感，而这种满足感和获得感又驱使这位父亲充满激情，敲出这一感动无数人的鼓声！试问，如果这个鼓是为别人而敲，他还会这么投入吗？甚至把自己的生命都投入在鼓声中吗？

所以，我们要学会给予我们的客户获得感，让他感到价值超出预期，而这些我们可以通过从众心理和讲故事来达到目的。了解了这些，你还不想在销售实战中去塑造高价值，给客户讲一个激励客户，让客户有浓浓的满足感的故事吗？

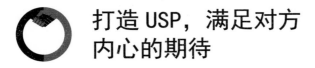

打造 USP，满足对方内心的期待

　　1995 年，"白加黑"感冒药上市仅仅 180 天销售额就突破了 1.6 亿元，从竞争激烈的感冒药市场上分割了 15% 的份额，登上了行业第二品牌的地位，在中国营销史上堪称一个奇迹，这一现象被称为"白加黑"震撼，对市场上的从业人员产生了强烈的启迪作用。其实"白加黑"的奇迹无非是利用了 USP 营销理论。一般而言，在同质化的市场中，很难发展出独特的销售主张，尤其是感冒药市场上同类产品特别多，已经出现了高饱和的状态，"白加黑"的成功激励了销售人员以独特卖点来吸引客户的关注和喜欢。那么这么神奇的 USP 到底是什么呢？

　　USP 指独特的销售主张（unique selling proposition），或者独特的卖点，是在 20 世纪中期由美国人罗瑟·瑞夫斯提出的，他认为 USP 理论必须满足三个条件。

　　第一，有确定的功效和利益，而不是自吹自擂。第二，独特性，甚至是唯一性，这个主张一定是竞争对手还没有提出的，或者根本无法提出的。第三，有强大的说服力，足以让消费者行动起来成为你的客户。

有哪些信息可以成为 USP 呢？理论上这些卖点是无限的，但是使用最多的是价格、高品质、多种选择、好的服务。USP 与定位还有一些区别，定位是从消费者的立场出发，在消费者心中找到属于自己的位置，而 USP 则是基于现有的产品，从中找出一个独特的、真实的、对客户有利的卖点，从而扩大自己的影响力。随着时代的发展，市场环境也在剧烈地变化着，在现今竞争激烈的市场环境中，客户不一定会买销售人员想卖的，但他会永远买他想买的。市场竞争早就从以产品为中心转变为以客户为中心，这意味着"高质量、低价格"的 USP 策略已经有点儿落伍了，销售人员要与时俱进，变通使用 USP。我们要先调查客户究竟想要什么，知道客户真正的需求后再结合自己产品的独特卖点，双管齐下，满足客户的需求，从而赢得客户，赢得市场。

实战中，销售人员需要注意的是：USP 是感性的，是需要提炼加工的，不是产品自带的卖点。任何一个产品，它被生产出来就具备某种功能，也就具备某种卖点，但是仅仅卖产品自带的功能，卖点远远不够。以超市里卖的挂面为例，无数个厂家都生产挂面，挂面的销售卖点通常为价格便宜、口感很好等，但是超市里除了普通挂面，也有蔬菜挂面、鸡蛋挂面等，蔬菜挂面虽然也属于挂面的一种，但是它有独特的卖点——属于纯绿色食品。普通挂面有饱腹的功效，而蔬菜挂面不仅饱腹，还可以补充多种微量元素。再比如农夫山泉的广告标语是"农夫山泉有点甜"，仅仅一句话就把农夫山泉和普通矿泉水区分开来，打造了自己的 USP。

你是卖产品自带的销售卖点，还是卖提炼出来的感性的独特销售卖点？或者你们的销售过程有没有独特性？我们从两个流传很广、真实性很低的故事里看看，USP 是怎么帮助销售人员攻城拔寨的！

一家制造鞋子的厂家派了两名业务员各自去开拓市场，一个叫杰克，一个叫板井。他们两个在同一天到了南太平洋的岛国，到达时他们就发现当地人都赤着脚，从国王到贫民竟然没有一个人穿鞋。当晚，杰克就给公司发了电报："经理，这里没有一个人穿鞋子，并不适合开拓市场，明天我就回去了。"而板井到了这里先是了解了当地的风土人情和文化，得知当地人都喜欢晚上跳舞，于是他萌生了一个计划，找了当地最权威的部落酋长策划了一场穿皮鞋跳舞的晚会，邀请来参加的人免费试穿鞋子跳舞，并且板井亲自上场跟当地人跳起舞来。经过几次舞会，人们开始口口相传，说穿着鞋子跳舞非常舒服，于是不到两年，这个岛国的所有人都开始穿鞋，当然板井也因为这件事情成为公司的销冠。

很多时候我们总是抱怨这个、抱怨那个，总是觉得没有机会施展才华，其实生活中到处是机会，只是缺乏一双发现机会的眼睛，从这个故事里我们就看到板井是如何运用 USP 来卖掉他的鞋子的。

第二个故事，一个乡下来的年轻人去应聘城里"世界最大、应有尽有"的百货公司，老板问："你以前做过销售人员吗？"

他回答："我以前是村子里挨家挨户推销的小贩。"

老板喜欢他的机灵："明天你可以来上班了，等下班的时候我会来看一下。"

一天的光阴对这个年轻人来说既漫长，又难熬。等到下午 5 点，差不多该下班了，老板过来问年轻人："你今天做了几单买卖？"

年轻人回答："就一单。"

老板很吃惊地说："我们这里的销售人员一般一天都可以接到二三十单的生意，你卖了多少钱？"

"30 万美元，先生。"年轻人回答道。

"你怎么卖那么多？"老板目瞪口呆地问。

年轻人回答道："是这样的先生，一位男士进来买东西，我先卖给他一个小号的鱼钩，然后推荐他买了中号的鱼钩和大号的鱼钩，接着我又分别卖给他小号的渔线、中号的渔线和大号的渔线。我问他上哪儿钓鱼，他说海边，我建议他买条船，所以我带他到卖船的专柜，卖给了他长 20 英尺（约为 6.1 米）、有两个发动机的纵帆船，然后他说他的大众汽车可能拖不动这么大的船，于是我带他到卖汽车的专柜，卖给他一辆丰田新款豪华型'巡洋舰'汽车。"

老板退了两步，几乎难以置信："一个客户仅仅是买了鱼钩，你就能卖他这么多东西？"

年轻人说道："他是来给他的妻子买发卡的，我就是告诉他，你的周末算是毁了，为什么不去钓鱼呢？"

这个故事可能有一些夸张，但是最后的一句却是点睛之笔，本来客户没有打算买鱼钩，而是为太太买发卡。有谁能做到让客户到你这里改变了原有的目标呢？

　　所以，小伙伴们，在我刚才讲述的故事里，你找一找，在销售过程中，哪一些环节属于贩卖 USP？而你的产品，在哪些方面能找到 USP？把这些内容提炼好，下次可以试试看，能不能改变你在跟客户介绍产品时推销乏力的局面？

前期层层铺垫的成交套路，时机不到切勿压单

在销售过程中，我们总会遇到一些比较犹豫的客户。我们介绍了产品的很多优点，也给了不少优惠的成交政策，但客户总是说考虑考虑，就是不采取行动。这个时候我们销售人员就需要进入压单环节，来促成客户交易。

压单是销售流程中重要的一环，就像足球赛上在对方球门前决定胜负的临门一脚。日常生活中，我们会经历不少压单场景，比如商场里的促销员嘴里喊着："今天是促销最后一天了，想买的不要错过哟！"很多直播平台上主播也在压单，比如"此刻下单，主播给你买一赠一"的话术等。压单形式有很多，但是在压单之前，一定要把消费者的购买欲望先激发出来，如果消费者的购买欲望不高，切勿盲目压单，否则反而会降低消费者的购买欲望，你此次销售也就提前失败了。

其实有经验的销售人员都明白：压单成功的重要前提是前期铺垫工作做得好，激发出客户的购买欲望，然后一压单，客户就会购买。

不铺垫不销售，这是基本的销售常识，一些刚刚做销售的小伙伴签

单心切，往往见到客户就喋喋不休地说产品如何如何好，如何如何值得客户购买，不做任何铺垫就想立刻成交，如同种一粒种子，不经过灌溉呵护，就期待它结一树的果子一样，有些想多了。

所以有经验的销售人员把销售分为铺垫和压单两个阶段。前期接触客户为铺垫阶段，就是专门做铺垫工作的，从不谈销售的事情，等到临近结尾，客户购买欲望被激发的时候，就可以进入下一阶段，也就是压单阶段，抛出一个客户无法拒绝的条件，诱导客户马上购买，马上成交。重要的是有前期铺垫，前期铺垫做得好，后期再用一些技巧就可以促成我们的单子。时机不到是不能压单的。

当客户进入成交阶段，销售人员在压单过程中要掌握技巧，张弛有度，将客户的购买意向提高。但压单的前提是客户对产品有浓厚的兴趣和购买欲，并且有足够的经济实力和直接决策权，否则压单只会把客户逼走。

历史上有个著名的触龙说太后的故事，流传几千年，一直给人启迪，今天我们来分析这个故事，看看如何通过层层铺垫说服一个反对自己的人。

故事的背景是战国时期，赵国被秦国攻打，实在打不过就去找邻国齐国求助，齐国则借机提出要求，说出兵可以，但必须让赵国太后的亲儿子长安君到齐国当人质。

赵国的主事人赵太后最喜欢的孩子就是长安君，实在不舍得长安君到齐国去吃苦，怕万一齐国不爽，可能要了长安君的性命。所以无论大臣们怎么劝谏，太后一律回绝。到最后被劝得急了，太后放出狠话，明明白白地告诉大臣们："谁要再跟我说这事，老太太我非得吐他一脸唾沫星子不可。"

就在这个关键时刻，大臣们想起一个人，是赵太后的老朋友，名叫触龙，于是大臣们央求触龙去说服太后。触龙答应了这件事情。

这件事情被太后知道了，太后憋了一肚子的怨气，就想等触龙来了，宣泄一下，喷他个满脸唾沫。

触龙也知道自己去见赵太后，赵太后在气头上，为了自己的面子，她一定会把触龙当出气筒臭骂一顿的。于是，触龙老爷子精心策划了一套说服技法，正式上场了。

触龙岁数不小了，步履蹒跚，慢慢地向前走着，到了赵太后的面前，一开口就做感情铺垫，说："哎哟，太后您知道的，老臣这腿呀有毛病，所以很久没来见您。最近，我很是担心您的身体健康，所以特地来看您，不知太后您身体如何？"

太后那边正运着气，想发火，看触龙一上来就关心自己的身体，一肚子火发不出来，于是撇了撇嘴说："不咋的，现在出行全得靠坐车了。"

触龙接下来又关心地问："敢问太后您每天的胃口还好吗？每天吃什么啊？不会吃得少了吧？"

太后回答说："嗯！也就是勉强喝点儿稀粥罢了。"

触龙继续说："老臣近来也是吃不下东西，只好每天走上三四里地，锻炼一下身体，能稍微增加点儿食欲，身体就舒服多了。"

赵太后听了回答说："我可做不到。"

铺垫完这些内容以后，赵太后的心情算是稍微好了点儿，怒气也少了许多。

看见赵太后的脸色舒缓了一些，触龙就转入了正题："太后，我的小儿子舒祺没出息，不成材，一直在家待着，我老了，又比较疼爱这个小儿子，所以，想看看宫里有没有什么正经事，比如您让他补一个卫士的空额，来保卫皇宫。今天就是为了给这个不成器的儿子谋个饭碗，所以才冒死罪来恳请太后您答应。"

赵太后一听心想，多大点儿事，这还不简单，就说："可以，这孩子今年多大岁数了？"

触龙恭恭敬敬地回答："回太后，十五岁了，虽然年龄小，但是我希望趁自己还没入土，把他托付给您。"

人都有共情之心，看到触龙说他儿子，赵太后自然而然地联想起自己的小儿子了，于是忍不住就问了："你们男人也会疼爱自己的小儿子吗？"

触龙听了，立刻回答说："那是当然，比女人家还厉害呢！"

这一下把赵太后给逗笑了："没听说过父亲疼小儿子超过母亲疼小儿子的。"

触龙反驳说："未必吧！比如我私下认为您疼爱您的女儿超过疼爱您的小儿子长安君。"触龙在这里说到的赵太后的女儿，就是燕后，嫁给燕王当媳妇了。

赵太后听后反驳道:"你错了,我最疼的,可是长安君!燕后和长安君相比,那是要差许多的!"

小伙伴们,你们看交流到这个阶段,赵太后完全忘记了自己的身份。这个时候两位已经不是上下级关系,而是为人父、为人母者,在讨论自己的孩子了,这就是铺垫的一个重要原因,要共情,有了共情才能交心,交了心才能交易。

触龙为了说服赵太后,就引了一段故事:"父母疼爱他们的子女,必须为子女做长远的打算。当年太后您送燕后出嫁的时候,紧跟在她身后哭泣,是不愿意让女儿远嫁。但是您在祷告的时候却希望她不要回来,这不就是替她做长远打算,希望她在燕国生儿育女,子孙一代一代做国君吗?"

这一下把赵太后带到了往事之中,她点点头说:"嗯!是这样的。"

触龙接着说:"从现在算起,追溯三代,至赵国刚建立的时候,赵王子孙当时被封侯的,他们的后人到现在,还有封侯的吗?"

赵太后回答说:"好像没有。"

"那除了赵国,其他诸侯国有吗?"

"好像也没有。"

到了这儿,触龙终于可以把话题绕到太后的小儿子身上了。他叹了一口气说:"您给燕后想得这么周到,但是给自己的儿子长安君,想得就没这么周到了吧?"

太后一听不乐意了,没好气地说:"你这话怎么讲?"

触龙赶紧说："您看，眼下您把长安君的地位提得高高的，又是大块的封地，又是金银珠宝，让他在家里养尊处优。您不趁现在这个时候让他为赵国立功，一旦您百年之后，长安君凭什么在赵国立足？我觉得，您为长安君的打算太不长远了，只顾眼前好吃好喝。所以，我认为您疼爱他远远比不上疼爱燕后啊！"

太后一听，绕一大圈原来在这儿等着我呢！寻思了好半晌，终于想明白了："好吧！我知道老头子你厉害，就让他到齐国去接受锻炼吧。"说完，忍不住眼泪流了下来，算是同意了。

有了赵太后的默许，触龙把长安君送到齐国当人质，为赵国立功去了。

你看，如果直接说去当人质，谁都不太愿意，这可是有被杀的风险的，但是，经过层层铺垫，当人质被认为是为国家立功，是去锻炼，回来之后必被提拔到高位，可能就会被多数人接受了，谁不想自己更有前途呢？你看触龙的层层铺垫妙不妙？

这个故事的说服层次，更适合我们在商务场合说服特别难的客户，当客户一直持反对意见，具有很强的抵触心理，其实我们就可以把销售的概念给换掉，从对对方不利的，转为对对方有利的。但前提是，你要做好前期的铺垫，不要让对方上来就觉得你在惦记他的钱包。

换一个角度，假如你走在大街上，一个销售人员给你一张优惠券，你是真觉得你占便宜了，买他的东西会有大优惠，很划算，还是脑子里立刻想"这是个套路"呢？我想，如果没有前期铺垫，几乎所有的正常人都会觉得"这又是销售人员忽悠人的套路"而直接把优惠券扔进垃圾桶吧！

铺垫的重要性，我们都知道了，但是我们想诱导客户购买，前期需要铺垫什么呢？至少要从下面三个方面做好铺垫：

第一，了解客户的基本信息，判断他有没有消费能力，是不是我们真正的客户。

客户如果没钱，买不起，你耗费再多的力气也是空忙一场，所以为了避免自己做无用功，我们需要了解客户的基础信息：他对我们的哪种产品比较感兴趣，住在哪个小区，开什么车，什么职业，等等。这些信息能从侧面反映客户有没有足够的钱，然后再了解客户有没有决定权。总之，最低程度要了解到客户有没有钱、有没有权，以及对我们什么产品较为感兴趣。这些是生意能合作的前提条件。

第二，全流程让客户有舒适感。

人在快乐舒适的环境下，做出的决策也是积极的，因为痛苦促使人改变，快乐促使人维持。如果我们能让客户全程感觉舒适愉快，他就不想改变这种快乐的状态，而是尽量满足销售人员提出的要求。所以，我们要从穿着、态度、谈吐、服务的质量、环境等方面迎合客户，让客户有较高的满意感、舒适感，从而有个好心情。

第三，了解客户的需求，放大需求，为压单成交做好铺垫。

前面说过，客户不一定会买销售人员想卖的，但他会永远买他想买的。所以我们要在交谈中去了解客户的真实需求是什么，客户想要什么，渴望什么，想成为什么，这些信息就是为了下一步针对他的需求制定一个适合他的"解决方案"，从而引导成交。我们都知道心急吃不了热豆腐，都知道春天播下种子，经过夏天的养护，秋天才能结出累累硕果，销售也是这个道理。我们遇见客户，不要心急一下子就成交，欲速则不达，不如耐心一点儿，如同种植稻子，春天插秧，夏天除草驱虫，精心维护，秋天到了自然收获沉甸甸的稻谷。我们给客户全程五星级的服务，让他感觉舒适，和他攀谈了解他的基本信息，知道他有钱有权有需求，于是我们就可以依据他的需求激发他购买的欲望。如此经过前期层层铺垫，客户心动了，我们再临门一脚，给客户一个无法拒绝的超级优惠的压单方案，这样就能水到渠成！

记住：任何时候都不要做心急想一口吃成个胖子的人！先铺垫，后成交！

面对客户异议或冲突的
万能处理法

　　在商务场合，销售人员难免会遇到客户抱怨、反对、质疑、投诉等负面的事情，这在销售界一般称为"客户异议"。

　　异议一般分为成交前异议和成交后异议。在成交之前，当销售人员遇到客户有异议甚至反对时，不要灰心丧气，而应该把异议理解为即将进入成交阶段的信号。因为在销售的过程中，最怕遇到"闷葫芦"，不论你说什么他只是听，不发表任何意见。而客户提出异议，证明他认真地听了你的产品介绍，并且对你的产品感兴趣，所以才会根据自己的需求提出异议。这时候的异议背后暗藏的信息是存在成交的希望，但还得不到完全满足，销售人员应该考虑怎么调整自己的方案，为自己争取到更大的机会。

　　成交之后如果有异议，说明客户对我们的产品或服务存在不满或疑问。对成交后的异议，销售人员先要辨别异议的真假和异议的严重性再进行反馈，千万不要一听到异议就立马响应。有时候客户的异议只是发泄一下心中烦躁而已，不一定需要销售人员去处理，我们一笑而过即可。

有一次我去贵州某个煤矿催收货款，由于公司提供的产品出现了一些小问题，矿长虽然同意付款，但是付款流程上需要技术工程师签字。当我见到技术工程师时，他表现得很不耐烦，说："你们的产品质量那么差，来人维修也没有维修好，如果是我采购，送给我我都不要，你们居然还要尾款？"遇到客户公司的工程师态度差，我们应该怎么办呢？难道和他辩论？那样不就把问题弄复杂了吗？

聪明的销售人员不会无事生非，自找麻烦。我只是微微一笑递给他一支烟说："我们都是跑腿的，具体事情不清楚，你们矿长让我来找你，还请你理解。下次我把销售人员给你带来，你扇他几个耳光解解气。"说完，我把催款的信函给了这个工程师，这个工程师边看边发牢骚，但还是在我的请款上面签了字。

在这个案例里，客户的工程师虽然愤慨、有情绪，但他在公司并没有决策权，所以他的异议只是发发牢骚而已，并不能真正影响事情的发展。所以销售人员没必要去关心和解决他的牢骚，只要说几句话给他一个台阶下就可以结束这个牢骚。所以并不是所有的客户异议都需要我们销售人员去处理，但是我们如果遇到了客户异议可能带来一些不可控的后果时，我们就必须处理了！

比如客户对我们说："你们产品的价格太高了，假如把价格降到和某某厂家一样，我就采购你们的产品！"在客户认知里，我们的产品价格降到和竞争对手一样他才觉得合理，自己不吃亏。遇到这样的客户，我们原则上也不能得罪他，先是肯定他的想法，然后再向他表示我们的价格是合理的，我们可以这样设置话术："张工，我很敬佩您为公司节约每一分钱的敬业思想，这年头像您这样为公司考虑的人不多了，对您我是衷心地敬佩。我们这款产品虽然还有降价的空间，但是说实在的，我们公司的产品如同汽车界里的宝马，某某公司的产品在汽车界如同桑塔纳，您让宝马车和桑塔纳车一样的价格，这让我很为难，别人如果能做到，一定是偷工减料，或者是事故车。关于价格的问题，我到时候请示一下领导，帮您申请一下特价，但是也不会降很多，算是我对您认真工作的一种敬仰吧。"

当客户有异议的时候，其实不算一件坏事，我们不要本能地反驳客户，而要从引发异议的原因去思考解决办法，要知道客户异议有时候是宣传自己产品服务的一个机会，客户对我们说出有异议的事情是一件好事，我们可以借助回答异议进一步推广宣传产品，加深客户对我们的印象，为成交打下绝佳的基础。既然异议是避免不了的一个环节，那么在出现异议的时候，有没有简单的、易操作的、万能的异议处理法来解决客户的异议呢？

答案是有的，销售界处理客户异议一般采用五步法：

第一步，微笑倾听。

第二步，赞美认同。

第三步，弄清问题。

第四步，提出问题解决方案。

第五步，建议行动。

在销售过程中，如果遇见难以解决的客户异议，我们需要精心组织自己的话术，运用异议处理万能五步法，去化解客户的异议，让客户感受到我们的诚意，最终被我们说服。

比如，我们销售人员去拜访一个化工厂的采购员，销售人员向他表明来意后，采购员对我们说："不好意思，你来晚了，我们已经有固定的供应商了。"

面对这样的客户异议，我们销售人员可以遵循异议处理万能五步法，设计应对话术。

首先，我们要开始第一步：微笑倾听。

当客户刚刚开始抱怨的时候，我们就要微笑并进入一种热情且负责的倾听状态。倾听不仅仅是一种工作能力，它更是销售人员修养的体现。很多人无法给人留下良好的印象就是因为不会或不愿倾听，所以当客户一开口说话的时候，我们就立即启动倾听状态。

当听完客户的异议后，我们就自动进入五步法的第二步：赞美认同。

在认同客户阶段，我们的话术可以是这样的："张工，我理解，像你们这样的大公司，在行业内声名显赫，一定有很多优秀的厂商抢着和你们做生意。"

这句话是认同，在表达我们的认同之后，我们就要进入五步法的第三步：弄清问题。

其实，在这个异议里面，客户的问题是简单清晰的，就是他因为已经有了供应商，所以不愿意接受我们。既然要弄清的问题是清晰的，我们就不需要再去确认这个问题，所以，这个环节我们可以省略，直接进入第四步：提出问题解决方案。

第四步的话术可以这样设计："张工，我这次专程来拜访你，就是因为我们的产品和其他友商的相比，也有自己的独到之处，所以冒昧打扰你，期待能在你的供应商中报个名，你做设备采购的时候也多一个选择。"

这是第四步提出问题的解决方案，在第四步话术说完的时候，我们可以沉默一会儿，看客户采购员的反馈，如果他有其他的话说，我们再依据他的话的内容组织语言进行反馈，如果客户听我们说完，没立即反驳，销售人员就可以启动第五步：建议行动。

具体的话术可以是这样的："张工，我们的产品还是很不错的，有自己的独到之处，比如在热电领域，我们就做到了市场占有率中国第一，还是期待张工能给我们一个机会，把门稍微开一点儿小缝，哪怕一次买我们 1000 元的货也没关系，让我们有个证明产品的机会，也可以看看我们会不会做人。"

这样的话术，虽然是遇到复杂的客户异议时解决异议的办法，但是销售人员可以通过精心推演的话术，积极地向客户传递出努力进取的正能量，即使当场没有获得客户的肯定，也会给客户留下极好的印象，为自己未来的合作打下扎实的基础。

销售人员在销售过程中遇到相对比较简单的客户异议时，同样可以用异议处理万能五步法去轻松搞定。比如，销售人员正在积极地向客户介绍我们公司的产品如何性能优良的时候，客户忽然插一句话："我刚刚手机搜索了一下，发现网络上不少人说你们公司的产品质量很差，不建议购买。"

遇到这样的异议，销售人员可以说："哇，张工，你观察得好敏锐，这都逃不过你的法眼。网上确实有人在'扒皮'我们公司，其实是我们公司以前的一个老销售，在公司赚了不少钱，后来把公司的订单转到他自己开的公司去做，我们老板知道后，就开除了他并扣了他的提成，结果呢，他就跑到网上去骂，网络上发言很难付出代价，这也没办法。不过流言止于智者，我建议张工不如这周六到我们工厂去考察下，看看我们工厂的实力，也确定下真伪，你看周六上午我在哪个地方接你？"

这就是一个典型的异议处理万能五步法的实战运用，有认同，有弄清问题，有解决方案，也有建议行动，所以问题很快得以解决。

综上，销售是一个过程，如同我们的人生，在漫长的销售生涯里我们都会遇到客户异议，遇到客户故意设置的一些坎坷，但是只要我们有坚持到底的决心和相应的目标策略技巧，我们就一定会创造属于自己的奇迹！加油吧，销售人！